KB192977

The Way of the Lord

톰 라이트의 그리스도의 길

지은이 | 톰 라이트
옮긴이 | 강선규
초판 발행 | 2025. 3. 19.
등록번호 | 제1988-000080호
등록된 곳 | 서울특별시 용산구 서빙고로65길 38
발행처 | 사단법인 두란노서원
영업부 | 02)2078-3333 FAX | 080-749-3705
출판부 | 02)2078-3330

책값은 뒤표지에 있습니다.
ISBN 978-89-531-5027-0 03230

독자의 의견을 기다립니다.
tpress@duranno.com www.duranno.com

두란노서원은 바울 사도가 3차 전도 여행 때 에베소에서 성령 받은 제자들을 따로 세워 하나님의 말씀으로 양육
하던 장소입니다. 사도행전 19장 8-20절의 정신에 따라 첫째 목회자를 돕는 사역과 평신도를 훈련시키는 사역,
둘째 세계선교TM와 문서선교단행본·잡지 사역, 셋째 예수문화 및 경배와 찬양 사역, 그리고 가정·상담 사역 등을 감
당하고 있습니다. 1980년 12월 22일에 창립된 두란노서원은 주님 오실 때까지 이 사역들을 계속할 것입니다.

예수가 거닐던 땅에서
　하나님 나라를 생각하다

톰 라이트의
그리스도의 길

The Way of the Lord

톰 라이트 지음
강선규 옮김

두란노

CONTENTS

머리말 。6

개인적인 고백. 오늘날의 성지순례, 그 빛과 그림자 속에서 。10

════ 1. 다메섹으로 가는 길

회심 ✦ 일생일대의 완전한 방향 전환 。27

════ 2. 요단강으로 가는 길

세례 ✦ 옛 사람이 죽고 새사람이 된 새 정체성의 선포 。43

════ 3. 광야의 길

마음의 황폐 ✦ 하나님의 마음의 깊이를 발견하는 시간 。59

════ 4. 갈릴리로 가는 길

세상 ✦ 말과 행함으로 왕의 나라를 선포하는 공간 。75

════ 5. 예루살렘으로 가는 길

항복 ✦ '내 야심으로 빚은' 가짜 구주를 버리는 작업 。91

===== **6. 산을 오르는 길**

영적 체험 ◆ 나를 변화시키는 하나님의 임재의 신비   。109

===== **7. 겟세마네로 가는 길**

영적 씨름 ◆ 두려움과 불확실성 속에서 깨어 기도하는 것   。127

===== **8. 십자가의 길**

예수의 십자가 ◆ 그분의 '친구'로서 살아가라는 부르심   。143

===== **9. 빈 무덤에서 나오는 길**

예수의 부활 ◆ 세상으로 파송받은 순례자를 위한 여권과 지도   。167

나오며. 섣부른 판단의 색안경을 벗고,
기도로 그 땅을 밟으며   。184

주   。203

머리말.

이 책은 1998년 사순절 기간에 리치필드대성당(Lichfield Cathedral)에서 전했던 일련의 설교를 엮은 것으로, 다음 두 가지 목적을 염두에 두고 기획했다.

먼저는 부활절 직후 열흘 동안 성지를 여행할 순례자들을 위한 모임을 준비하기 위함이었다. 지금 이 글을 쓰면서 그 시간을 돌아보니 참 근사한 경험이었고, 그 행사를 지원하며 열의를 보여 준 모든 이에게 새삼 고마운 마음이 든다. 그때 했던 설교들을 이렇게 새로운 형태로 펴냄으로써 비슷한 순례를 준비하는 또 다른 이들을 도울 수 있으리라 기대한다.

또한 이 책은 '기독교의 기초'를 새로운 각도에서 가르쳐 보려는 시도에서 비롯되었다. 다양한 이들, 그중에서도 특히 견신례(입교예식)를 준비하는 사람, 나이를 불문하고 기독교 신앙에 이제 막 들어선 사람, 그리스도인이 믿는 핵심 사항에 대한 견실한 해설을 중요하게 여기는 사람을 위해 마련했다.

이 책이 보다 많은 이들에게 전해져 이러한 목표 지점에 더욱더 가까이 다가가게 되기를 소망한다. 두 가지 의미에서 이 책은 말 그대로 '주님의 길'(The Way of the Lord; 이 책의 원제)이다. 예수님이 몸소 걸으셨던 길이자 그분이 자기를 따르는 이들에게 함께 걷자고 초대하시는 길.

다시 말하면, 성지에 가는 이들이 그곳에서 발견하고 경험할 수 있는 다양한 차원의 의미에 눈과 귀와 마음을 여는 데 모쪼록 이 책이 도움이 되기를 바란다. 또한 (직접 떠나는 지리적 여행을 계획하고 있지 않은 사람까지도 포함해서) 모든 독자가 진정으로 중요한 순례에 참여하여, 사도 요한의 말처럼 "어린양이 어디로 인도하든지 따라가는" 위대한 무리에 동참하도록 격려하는 일에 이 책이 쓰임받기를 바란다. 중동 지역으로 여행을 가든 집에 있든, 이 책을 통해 당신이 궁극적인 순례의 길에서 신선한 힘을 얻고 새로운 방향을 발견하기를 기도한다.

인용한 자료에 대한 자세한 언급은 자료를 사용하게 허락해 주신 분들에 대한 감사와 함께 책 말미에 실었다. 인용한 자료들에 대한 모든 출처를 밝히려고 여러모로 노력했으나, 확인이 불가능해 누락된 부분은 양해와 용서를 구한다. 추후에 정식 출처를 발견하면 바로잡을 것이다.

이 책을 리처드·제인 니니스 부부(Richard and Jane Ninis)에게 바친다. 리처드는 리치필드대성당의 재무 담당 사제이자 리치필드 부주교로 나와 함께 5년 동안 사역했다. 그는 내가 저술 사역과 가르치는 사역과 교회 사목을 겸하면서 애쓰는 동안 그야말로 아낌없이 지원해 주었다. 진심으로 고마움을 전한다. 제인은 리치필드대성당 서점을 처음 열고 관리자로 일해 오면서 다른 누구보다 내 책을 많이 판매했을 것이다. 무엇보다 리처드와 제인은 이 책의 메시지가 나오게 된 계기인 바로 그 성지순례 행렬에 동참한 멤버였다. 이제 그들이 긴 세월 동안 풍성하게 열매 맺은 사역을 마무리하고 은퇴를 앞두고 있는 지금, 존경과 애정과 감사의 마음을 담은 이 작은 책을 헌정함으로써 그들의 삶과 사역을 기념하고 싶다.

리치필드대성당에서
톰 라이트

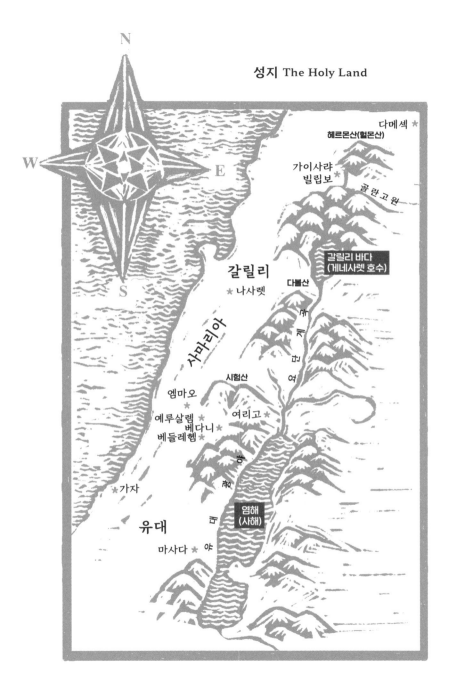

성지 The Holy Land

N

W

E

S

다메섹 ★

헤르몬산(헐몬산)

가이사랴
빌립보 ★

골란고원

갈릴리 바다
(게네사렛 호수)

갈릴리

★ 나사렛

다볼산

사마리아

시험산

엠마오
★

예루살렘 ★ 베다니
베들레헴 ★

여리고 ★

★ 가자

염해
(사해)

유대

마사다 ★

개인적인 고백.
오늘날의 성지순례, 그 빛과 그림자 속에서

　　사실 내 출신을 생각해 보면, 내가 좀 더 일찍 성지순례를 생각하지 못한 게 이상하다. 나는 초기 (그리고 로마 시대 이전) 영국 기독교의 요람이었던 중부 노섬벌랜드에서 태어났다. 우리 할아버지는 린디스판('Holy Islands'로도 불린다)의 부주교였는데, 그곳은 1,500년 가까이 간헐적으로 순례의 중심이었던 섬이다. 그러나 할아버지는 그 섬에 살지는 않았고, 내가 자라는 동안 우리 가족이나 교회가 그곳으로 이른바 '성지순례'를 가 본 적도 없다. 물론 헥삼, 안윅, 밤버그, 로만 월에 가듯 당일치기로 그곳에 다녀온 적은 한두 번 있으나 그런 방문에 특별히 기독교적이거나 종교적인 요소는 없었다.

　　나는 그리스도인에게 필요한 영적 공급은 그저 자기 지역의 교회에서 정기적으로 예배에 참석하고 성경을 읽고 기도 제목을 나누는 정도로 충분히 채워진다고 여겼다. 똑같은 걸 하자고 굳이 다른 장소까지 갈 필요가 있는가? 종종 오래된 수도원이나 더럼대성당(Durham Cathedral) 같은 웅장한 교회를 방문할 때도 비슷한 마음이었다. 분명 역사적 의미와 흥미로운 요소가 가득한 곳이었지만, 그렇다고 해서 내가 현재 몸담은 교회에 있을 때나 내 방 침대 곁에서 무릎을 꿇고 기도할 때보다 하나님과 더 가까워지는 건 아니었다.

나는 성지순례 이면에 다른 요소들이 영향을 주고 있는 건 아닐까 의심했다. 다른 교파의 교회들은 성지순례를 떠났지만, 조용하지만 확고하게 중도적 성향을 유지했던 우리 교회는 그런 요란한 행사에 끼지 않았다. 그리고 그런 순례 여행을 가는 사람들이 솔직히 우리가 좋아하는 유형의 인물들이 아니었다. 또 몇몇 친척이 군복무 중에나 휴가 기간에 중동 지역의 성지를 다녀오곤 했지만, 그들은 기념품은 사올지언정 그 여행의 기독교적 의미에 관해서는 한마디 언급도 없었다.

결과적으로 나는 성지순례를 떠난다거나, 그것을 해 볼 만한 일이라고 생각해 본 적이 한 번도 없었다. 물론 순례 여행 자체를 거부한 건 아니다. 다만 성지순례를 떠난다는 가능성 자체를 생각해 보지 않았던 것이다. 그래서 영국의 위대한 순례지에서 살았음에도 정작 순례에 관해 아는 게 거의 없었다. 순례에 대한 이 같은 무관심은 청소년 시절에 배운 복음주의적 가르침을 열정적으로 흡수하면서 더욱 심화되었다.

하나님의 임재와 그 따스함, 그리스도를 통해 나타난 하나님의 놀라운 인격적 사랑, 성경 말씀의 생동력, 그리스도인의 교제와 기도의 즐거움, 그리스도를 따르고 섬기라는 부르심만으로도 이미 내 신앙생활은 충분했다.

'개인적인' 측면을 강조하는 철학적인 분위기가 주도하는 상황에서는 '제도적인' 것들이 '우리를 잘못 인도하거나 쓸모없는 것'으로 쉽사리 치부된다. 이럴 때 교회 건물은 필요악으로 여겨진다. 사람들은 일반 가정집보다는 넓은 곳에서 모여야겠지만, 그 모임 장소가 커다란 천막(tent)이나 극장 같은 곳이어도 나쁘지 않다고 생각한다. 예수 그리스도를 스코틀랜드 산지의 천막에서도 개인적으로 만날 수 있는데, 왜 꼭 교회라는 건물로 가야 한단 말인가?

실제로, '장소'와 건물은 오히려 방해가 될 수 있다. 사람들은 어떤 특정한 장소에 가거나 특정한 예식을 치르면 하나님의 은혜를 입을 수 있다고 너무 쉽게 가정하기도 한다. 그것은 '행위 구원'의 또 다른 형태로, 하나님이 예수 그리스도 안에서 행하신 것을 전적으로 신뢰하지 못하게 한다. 성지순례는 종교개혁이 없앤 미신적 물품, 성인들의 유물, 잡다한 다른 이교도적인 것들에 관해 이야기한다.

일부 개신교 신자의 눈에는 가톨릭 신자들의 모습이 '우상숭배'의 죄를 범하는 한편 '행위 구원'을 믿는 것으로 비친다. 가톨릭 신자들은 성인들의 유물, 성상, 건물, 남겨진 성찬 물품을 경배한다. 심지어는 성인들의 무덤과 접촉했다는 손수건까지 이차적인 유물로 삼아 성스러운 지위를 부여하기도 한다. 이것은 개신교 신자의 시선에서는 우상숭배로 보인다. 또한 가톨릭 신자들은 특정 행동을 하고, 특정 장소에 가고, 특히 거룩한 장소에서 예배함으로써 하나님의 특별한 은총을 얻는 것처럼 생각하는데, 이는 은혜와 믿음에 대한 성경적 교리를 완전히 훼손한다. 이 부분이 개신교 신자 입장에서는 행위 구원을 믿는 것으로 여겨진다.

청소년 시절에 내가 접했던 이런 사고방식은 확실한 성경적 근거가 있다고 주장하면서 어떤 부분은 희생시키기도 했다. 요한복음에서도 예수님은 진정한 예배의 조건이 예루살렘이나 사마리아 같은 장소가 아니라, 오직 신령과 진리로 하나님을 예배하는 것이라 말씀하시지 않았던가? 바울은 '현재의 예루살렘'은 그 자녀들과 더불어 노예 상태에 있으며, 우리 모두의 본원(本源)은 진정한 자유의 도성(도시)인 "위에 있는 예루살렘"이라고 선포했다. 당연히 이는 구약의 지리적 중요성이 지금까지도 지속된다는 생각, 거룩한 도시로 순례를 떠나야 한다는 생각을 버려야 한다는 걸 뜻한다.

그러나 성경 전체가 하나님의 말씀이라고 고백한다 할지라도 이런 주장에는 영국 복음주의의 다른 일부 측면들과 마찬가지로, 마르키온주의(Marcionism)가 뒷문으로 슬며시 들어올 수 있는 위험이 도사린다. 2세기 로마의 이단인 마르키온(Marcion)은 유대인의 하나님은 예수 안에 계시된 하나님과 동일하지 않고, 구약은 신약과 별개라고 가르쳤다.

돌아보면, 아무도 그런 내 생각에 문제 제기를 안 했던 것 같다. 만약 누군가 했다면, 나는 내가 성경을 문자적으로 진지하게 해석하지 않고 있다는 사실을 회피하고자 성지순례에 대한 구약의 가르침에 담긴 '영적' 의미를 찾으면서 성경을 우화적으로 해석하며 대답했을 것이다. 내 눈에는 지상의 어떤 물리적 건물이나 지리적 요소뿐만 아니라 성지순례에 관련한 노래나 춤 같은 것조차 전부 예수님과 바울이 반대했던 유대인들의 주장 즉 행위 구원을 수용하는 듯 보였다. 결국 최고의 권위로 확증된(그렇게 보였던) 나의 편견은 그대로 지속되었다. 그렇게 내게 성지순례는 거의 생각할 수 없는 일이었다.

'이미'와 '아직' 사이에서

이러한 내 생각이 어떻게 변화되었는지를 논리적으로 설명하거나 묘사하기란 쉽지 않다. 내가 복음주의의 치명적인 약점인 '다양한 형태의 이원론'에서 '하나님의 창조 세계 전체가 성례전적 특질을 가지고 있다'는 인식으로 전환하기까지는 오랜 기간에 걸쳐 수많은 사건이 있었다.

개신교는 하나님의 창조 질서의 선함을 무시하는 경향이 있다. 이런 태도는 창조 세계가 타락했고 부패하기 쉬우며, 피조물을 예배하는 것은 우상숭배라는 나름의 합당한 근거에 바탕을 두고 있다. 그러나 올바른 상태의 가톨릭(로마가톨릭뿐만 아니라 다른 많은 종파도 포함되는데)은 창조 세계(피조물)에 대한 숭배를 권하는 게 아니라, 창조 세계에서 일하시는 하나님을 발견하라고 권한다. 성육신이 그 최고의 예고, 세례식과 성찬식이라는 복음적 성례도 그에 못지않음을 생각해 보면, 우리는 세상 속에서뿐만 아니라 세상을 통해서도 하나님의 임재를 발견하는 법을 배울 수 있다. 특히 세례식이나 성찬식이 분명히 드러내는 것처럼, 거룩한 사람들의 삶이 드러내는 예수님을 통해서도 하나님의 임재를 발견하는 법을 배울 수 있다.

유물 숭배도 (적어도 내가 볼 때는) 완전히 정당화될 수는 없지만, 어느 정도는 그 사람의 실제적인 삶에 나타난 하나님의 은혜를 기념한다는 관점에서 설명할 수도 있을 것이다. 죽은 뒤에도 그들의 몸은 하나님의 특별한 은혜와 임재가 나타났던 장소로 여겨질 수 있다. 이런 관점에서 보자면 그런 거룩한 인물들이 살았고, 교회를 세웠고, 묻혔던 장소들은 파생적인 유물이 되는 것이다. 무엇보다도 예수님이 태어나셨고, 사셨고, 거니셨고, 말씀하셨고, 죽으셨고, 다시 부활하신 장소들은 그분의 임재와 사랑을 나타내는 효과적인 상징이요, 그분의 은혜가 주어지는 효과적인 방편으로 여겨질 수 있고 실제로도 그랬다.

이런 생각은 내가 어떤 특별한 장소와 건물에서 전혀 예상하지 못했던 방식으로 하나님의 임재를 체험하면서 더욱 강화되었다. 1980년대 초, 우리 가족이 몬트리올에서 살고 있을 때였다. 큰아들은 시내에 있는 한 학교에 다녔는데, 그 학교는 그로부터 몇 년 전에 본관 맞은편에 있는 캐나다연합교회(United Church of Canada)가 사용하지 않는 건물을 매입해 학교 건물로 쓰고 있었다. 그 건물은 현대식 구조물이라 전혀 교회처럼 보이지도 않을 뿐더러 학교에서는 이 공간을 록 콘서트같이 전혀 교회답지 않은 활동에 사용했다.

처음 그 건물을 방문했을 때 매우 '세속적인' 상황이었음에도 불구하고, 나는 그 공간에서 놀라운 경험을 했다. 건물에 들어서자 부드러우면서도 부인할 수 없이 강력한 하나님의 임재가 느껴졌다. 나는 그러한 그분의 임재를 나만 느끼는지 궁금했고, 이 경험을 설명할 수 있는 신학이 없다는 사실을 골똘히 생각하며 시끄러운 콘서트장 청중석 한 자리를 차지하고 앉아 있었다.

그 사건에 대해 내가 내린 결론은, 어떤 장소에서 누군가 하나님을 만나고 추구하고 씨름했다면, 그 기억은 그 공간에 고스란히 남아 하나님을 알고 사랑하는 이들에게 되살아난다는 것이다. 그때 이후로도 나는 전혀 그럴 것 같지 않은 장소에서 여러 번 비슷한 경험을 했다. 그중에서도 단연 내 생애 최고의 경험은

1989년, 예루살렘성묘교회(Church of the Holy Sepulchre)를 처음 방문했던 때의 일이다.

당시 이스라엘에 대항하는 아랍 '인티파다'(Intifada; '봉기, 반란, 각성'이라는 뜻의 아랍어. 이스라엘의 통치에 대항한 팔레스타인인들의 저항 운동을 말한다)가 절정에 이르렀다. 나는 종려주일에 이스라엘로 날아가 2-3일 정도 머무르면서 돌아가는 상황을 파악하고, 사태의 추이를 지켜보고 있었다. 나는 골고다 언덕 위에 세워진 성묘교회 방문을 일부러 미루었다. 그리고 성금요일 아침 일찍 '십자가의 길'(Stations of the Cross) 행렬에 참여했다. 처음 그 교회를 방문하는 나의 발걸음이 단순히 명소 관광이 아닌, 그곳에서 드려지는 합당한 예배이기를 바랐기 때문이다.

나는 이 놀라운 장소에 밀집된 두 가지 해악을 주의하라고 익히 들었다. '여러 교파 간 경쟁'과 '눈에 보이는 모든 것의 상업화 문제.' 역시나 직접 가 보니 그런 현상이 뚜렷하게 보였다. 예수님이 십자가에 달리신 장소 앞에서 묵상하려고 서 있던 나는, 기도 송을 부르면서 점점 몸을 움직일 만한 공간을 마련하는 일군의 아르메니아 수사들에게 밀려났다. 마침 나는 건물 구석에서 조용해 보이는 한 부속 예배당을 발견했다. 북적거리는 사람들의 소음을 벗어나 오전 내내 나는 그곳에 머물렀다.

예수님이 십자가를 지신 곳에서 불과 몇 미터 떨어진 공간에서 묵상하며 기도하는데, 마치 세상의 모든 고통이 그곳에 모여 있는 느낌이 들었다(아직도 그 순간에 든 감정을 뭐라고 정확히 설명하기가 어렵다). 지난 며칠 동안 나는 팔레스타인인들의 분노와 고통을 거리에서 보고 들었다. 또 다른 거리에서는 이스라엘 사람들의 극심한 불신과 고통스러운 기억들을 보았다. 내 자리를 빼앗은 바로 그 아르메니아인들은 인종 학살을 당한 기억, 심지어 세상에 거의 알려지지 않아 더 고통스러운 그 기억들을 가지고 왔으리라. 너무 무거운 고통, 너무 끔찍한 기억들, 어마어마한 분노와 좌절과 비통과 극심한 인간의 비극이 느껴졌다. 마치 그 모든 아픔이 바로 이 자리에 집중되는 것만 같았다. 묵상과 기도를 계속하는 동안 지난 내 상처와 고통까지 주마등처럼 스치면서 그 아픔 또한 이곳으로 또렷하고 강력하게 모여드는 듯했다.

어느 한 순간(실제로는 두세 시간 정도였다) 세상의 모든 고통이 집중적으로 모인 듯 느껴지던 그 자리에 메시아이신 예수님의 임재가 매우 강렬하게 나타났다. 마침내 밝은 햇빛 속으로 나왔을 때, 나는 영적으로나 정서적으로나 정화된 것만 같았다. 특정한 시간에 특정한 장소에서 행한 하나의 행동이 어떻게 모든 시대의 소망과 두려움을 한데 모을 수 있는지를 생각한다는 게 무슨 의미인지 새로운 방식으로 이해하거나 적어도 어렴풋이는 깨닫게 되었다. 나는 순례자(pilgrim)가 된 것이다.

그날 얻은 뒤로 지난 9년간 뇌리에 남아 있는 깨달음은, 과도하게 이성만을 강조하지 않는 이들이 항상 그 가치를 인정해

왔고, 이원론적인 것과 거리를 두는 신학자들이 받아들여 온 사실이다. 바로 장소와 건물이 기억과 능력과 소망을 전할 수 있다는 것이다. 예수님이 거니시고, 말씀하시고, 고난당하시고, 죽으시고, 다시 사신 곳은 그분이 행하신 일의 의미와 함께 지금도 울려 퍼지고 있다.

물론 만일 우리가 C. S. 루이스(Lewis)의 《나니아 나라 이야기》(The Chronicles of Narnia)에 나오는 아이들처럼 옷장 안으로 들어가서 이러한 것들을 과학적으로 검증하려 한다면 별다른 특이점을 발견하지 못할 것이다. 그저 우리는 상업화나 지저분한 화장실 시설이나 비싼 커피값에 대해 투덜거리면서 나올 것이다. 그러나 표면적으로 들리는 소음 아래로 내려가 겸손하게 마음의 침묵 가운데 하나님을 기다린다면, 특별히 들리는 게 없고 딱히 발견하는 게 없을지라도 분명 무언가 변화되는 게 있을 것이다.

그렇다면 나는 신약성경은 그리스도인의 예배와 삶을 이야기할 때 지리적인 것에 초점을 맞추지 않는다는 이전의 견해를 저버린 것인가? 그렇지 않다. 하지만 그렇기도 하다.

먼저, 그렇지 않다. 한편으로는, 신약성경에는 성지와 같은 것이 없다. 서구 문화권 밖에 사는 사람들이 좀 더 잘 이해하겠지만, 예수님이 성 밖에서 돌아가셨다는 것은 그 땅의 거룩한 지위를 끝낸 것으로 이해할 수 있다. 이제 아버지께서는 신령과 진리로 예배할 사람들을 온 세상에서 찾으신다.

다른 한편으로는, 그렇다. 이제 모든 세계와 그 안에 있는 나라들은 모두 거룩하다. 사도행전에 따르면, 온 세계가 새로운 성지가 되었으며, 예수님이 모세라면 교회는 여호수아가 되어 합당한 왕을 위해 이 새로운 땅을 정복해야 한다. 거룩한 땅이 거룩한 세계로 변경됨에 따라 그것을 얻는 방법이 달라졌을 뿐이다. 십자가에 달려 죽으시고 다시 사신 예수님이 온 세계의 주(主)시라면, 그분의 나라를 세우기 위해 사용하는 무기는 복음이다. 즉 고난과 사랑이다.

하나님이 예수님의 성취가 효력을 발휘하도록 최종적으로 행동하셔서 온 우주를 구속하실 때까지는 이 왕국은 완전히 세워지지 않을 것이다. 그 "때"란 로마서 8장, 고린도전서 15장, 요한계시록 21-22장에서 말한 바로 그 때다. 하나님이 만주의 주가 되시고, 물이 바다를 덮음같이 온 땅에 여호와를 아는 지식이 가득하게 될 거라고 이사야와 여러 선지자가 예언한 바로 그 때다.

부활하신 그리스도를 따르는 제자인 우리에게 '그분이 계셨던 장소들을 묵상하고, 그분을 따른다는 건 지리적인 것 이상임을 인식하라'는 초대장이 날아든다. "와서, 이곳을 보라"는 것은 중요하다. 그러나 이는 반드시 "그는 여기 계시지 않다. 그는 부활하셨다"와 균형을 이루어야 한다(마 28:6).

그러므로 우리는 바울의 특징적인 입장인 '이미'와 '아직' 사이의 태도를 취해야 한다. 한편으로 어떤 장소는 예수님과 관계가 있거나, 성령의 내주하심으로 예수님 닮은 삶을 살았던 인물들과 관련이 있기에 여전히 특별하다. 반면에 우리가 예수님을 통해 아는 하나님은 온 세계와 모든 나라가 그분의 것이라고 선언하신다. 또한 이 하나님을 예배하는 곳이라면 그곳이 북극 황무지에 있는 이글루든 적도 지방의 흙집이든, 거대한 규모의 교회든 빈민가의 병원이든, 하나님이 창조하신 모든 시공간이 전부 하나님의 소유라고 선포하신다.

그러므로 우리 그리스도인의 삶과 순례는 예수님이 이 땅에 사셨던 때부터 하나님이 온 세상을 회복하시는 순간 사이에 있는 모든 장소와 시간 속에서 일어난다. 성례와 마찬가지로 순례는 과거를 되돌아보는 위대한 기억의 행위이자, 마지막 구속을 기대하는 것이다. 되돌아보는 행위를 통해 우리는, '하나님의 유랑하는 백성'이라는 구약성경의 큰 테마를 단순히 우리의 영적 여정에 대한 우화로서만 아니라, 하나님이 그분의 세상을 향해 펼쳐 나가시는 계획의 초기 단계를 설명하는 이야기로도 사용할 수 있게 된다.

은혜의 도구로서의 성지순례

이렇게 두서없이 흩어져 있는 사적인 기억들로 현대의 순례에 대한 완전한 신학에 이르는 것은 전혀 가당치도 않고, 여기서 그것을 제시하겠다는 의도도 없다. 하지만 나는 이런 기억들을 모아 순례, 특히 성지순례에 대해 몇 가지 정리해 보려고 한다. 내가 보기에 숙고할 만한 가치가 있는 사항이다.

오해를 사지 않기 위해 먼저 주의할 점을 일러 주고 싶다. 첫째, 성지에 가는 것은 어떤 이들이 말하는 것처럼 좋은 그리스도인이 되기 위한 필요조건이나 충분조건이 결코 아니다. 많은 성자들은 자기 고향을 떠난 적이 없다. 수많은 여행자가 성지에 간 경험을 통해 좋아지기는커녕 오히려 더 나빠져서 돌아왔다. 십자군원정(중세 유럽에서, 기독교도들이 팔레스타인과 예루살렘을 이슬람교도들에게서 다시 찾기 위해 일으킨 원정)을 떠올려 보라.

둘째, 성지순례는 언제나 '상업화'라는 깊은 구렁텅이 위에 매달린 줄을 타는 것과 같다. 이것은 우리가 리치필드나 예루살렘, 웨스트민스터사원이나 요단강 서안 지구(West Bank), 그 어느 곳에 있든지 마찬가지다. 물론 상업화라는 현실이 순례 여행 자체를 무의미하게 만드는 건 아니다. 다만 성지를 관리하는 사람들과 그곳을 방문하는 사람들 모두 자신의 동기를 잘 살펴야 한다는 것이다.

셋째, 기독교는 본질적으로 어느 지역에 얽매인 종교가 아니다. 기독교는 '땅과 제국의 점령'이 아니라, '예수 그리스도 안에서 성령으로 온 세계를 품기 위해 뻗어 나가는 하나님의 정의, 자비'와 관련이 있다. 나는 예수 그리스도의 공의롭고 온화한 통치가 이 세상 그 어떤 통치보다 훨씬 더 유익하다고 믿는다. 또한 나는 같은 이유에서, 다른 종교를 택한 이들을 십자군 방식으로 정복하는 데는 반대한다.

지금부터는 오늘날의 성지순례에 대한 나의 견해다(뒤로 갈수록 더 중요한 내용이다). 첫째, 성지순례는 교회가 수행하는 '가르치는 사역'에서 중요한 역할을 한다. 상상력이 완전히 결여된 사람이 아니라면, 성지순례(또는 다른 역사적 장소에 대한 순례)를 하고서 성경 이야기, 특히 사복음서의 모든 말씀에 대해 아무 신선한 통찰도 얻지 못하고 돌아오는 일은 결코 없을 것이다. 이론적으로는 책이나 강연, 텔레비전에서도 얼마든지 그런 지식을 배울 수 있으나, 대부분의 사람은 단순히 그 장소에 가는 것만으로도 중요한 무언가를 크게 깨닫는다. 성지를 방문한 사람들에게서 종종 이런 표현을 듣는다. "아, 이제 알겠다. 그게 바로 이런 뜻이었구나!" 마치 동전이 떨어질 때 땡그랑 소리가 나듯, 중요한 무언가를 비로소 이해하게 되면서 터져 나오는 감탄의 소리다.

둘째, 성지순례는 우리를 자극해 기도의 자리로 이끈다. 나처럼 정기적으로 고대의 거룩한 장소에서 예배하고 기도할 수 있는 특권을 가진 사람들은, 그곳에 있는 건물들로 인해 실제로 계속해서 기도하고 싶은 마음이 솟는 경험을 했다. 하물며 예수님이 직접 사셨던 지역을 밟을 때는 어떻겠는가?

나사렛에 머물던 어느 날 아침, 나는 호텔 뒤에 있는 언덕에 올라가 아침 햇살을 받으면서 아주 오래된 올리브나무(감람나무) 아래 앉아 있었다. 그러다 문득 '예수님도 바로 이런 언덕에 올라가셨을 테고, 어린 시절에는 이런 나무 아래에서 뛰어노셨겠지?' 하는 생각이 들었다. 그렇게 생각하자 불현듯 설명하기 힘든 친밀감이 밀려왔다. 당장이라도 손을 뻗어 예수님을 안을 수 있을 것만 같았다. 많은 순례자가 갈릴리 지역에서 특히 이런 경험을 한다.

셋째, 비록 성지순례가 그리스도인의 삶의 필수조건이거나 충분조건은 아니지만, 제자도의 여정에서 더 성장하고 깊어지는 기회가 될 수 있다. 이는 우리가 아직 모르는 무언가를 찾기 위해 집을 떠나 여행하는 행위와 관련 있을지도 모른다. 아브라함 같은 생활은 그 자체로 믿음의 행동이 되고, 또 다른 믿음의 행동을 준비시키거나 유지시켜 준다. 히브리서는 믿음을 "바라는 것들의 실상이요 보이지 않는 것들의 증거"라고 정의한다(히 11:1). 또 같은 장에서 아브라함과 다른 고대의 믿음의 선진들이 "더 나은 본향을 사모하니 곧 하늘에 있는 것이라"라고 밝힌다(16절). 성지순례를 통해 우리는 그들과 같이 되라고 초대받은 것이다.

계속해서 내가 강조하는 바, 이 하늘 본향에 대한 언급은 하나님의 백성에게 주어질 궁극적인 미래의 집이 육체가 결여된 하늘임을 의미하지 않는다. 오히려 하나님이 하늘에서 이 땅으로 새 예루살렘을 가져오셔서 (하늘로서 땅을 없애시는 것이 아니라) 하늘과 땅이 결합할 때까지, 하나님이 세상에 대해 가지고 계신 미래의 실재가 현재 하나님의 하늘에 속한 영역 안에 안전하게 보존되어 있다는 걸 의미한다.

우리가 일단 이것을 이해하게 되면, 성지순례를 '이 세상의 삶'에서 '오는 세상의 삶'으로 가는 천로역정을 나타내는 비유나, 심지어는 성례라고 생각할 만한 여지가 충분할 것이다. 물론 다른 모든 성례와 마찬가지로 성지순례도 주술적인 행위로 전락해, 특정 장소에 가는 행위가 자동적으로 자신에게 은혜와 하늘의 상급을 얻게 해 준다는 식으로 오용될 수 있다. 그러나 오용하는 사례가 있다고 해서 아예 성지순례의 의의를 무시해서는 안 된다. 바르게 접근하기만 하면 우리의 지금의 여행은 진정으로 은혜의 도구일 수 있다.

그러므로 나는 순례 길에 오른 모든 사람이 부디 여행의 시간을 올바르게 쓰기를 바라고 또 기도한다. 새로운 것을 배우고, 새로운 기도를 드리고, 무엇보다 '이 땅'에서 '하나님이 건설하시고 만드시는 오는 세상'으로 향해 가는 제자도에서 새로운 발걸음을 내딛기를 바란다.

이 소망을 마음에 품고, 이제 당신을 주님의 길로 초대한다. 자, 지금부터 그리스도의 길을 따라가 보자.

1. 다메섹으로 가는 길

회심。일생일대의 완전한 방향 전환

예루살렘에서 다메섹(다마스쿠스)으로 떠날 때 다소의 사울은 순례자가 되겠다는 생각이 전혀 없었다.

사실 누가 그 지역으로 순례 여행을 떠나겠는가? 상식적으로 순례라고 하면 예루살렘으로 가는 것이지 예루살렘에서 오는 게 아니었다. 사울은 그들이 원하든 원치 않든 다른 사람들을 순례자로 만들 작정이었다(예수 믿는 이들을 잡아서 예루살렘으로 끌고 가려 했다는 뜻-옮긴이).

그는 더없이 종교적이고 열정적인 의무감으로 약 241킬로미터나 되는 길을 따라 다메섹으로 갔다. 그는 다메섹에 유대교의 근간을 흔드는 것으로 보이는 이상한 새로운 가르침을 신봉하는 유대인들이 있다고 알고 있었다. 그의 사명은 하나님의 법을 시행하고, 배교자들을 잡아 쇠사슬에 묶어 거룩한 도시인 예루살렘으로 끌고 가는 것이었다. 그는 사로잡은 순례자들을 줄줄이 엮어 거룩한 도시에 임재하시는 살아 계신 하나님 앞으로 승리의 개가를 부르며 돌아올 계획이었다.

그러나 사울의 이러한 여정은 '진짜 순례'로 바뀌었다. 순례

자란 '하나님을 대면하거나 새로운 방식으로 만나고 싶은 바람'을 품고 여행을 떠나는 사람을 일컫는다. 바로 이런 일이 사울이 전혀 예기치 못한 방식으로 그에게 일어난 것이다. 모든 것이 완전히 뒤집혔다.

경건한 유대인에게는 예루살렘 성전이 지구상에서 가장 성스러운 곳, 살아 계신 하나님이 영원히 거하시기로 선택하신 그분의 거처다. 성전 중심에 자리한 지성소에서 거룩함의 빛이 동심원을 그리며 사방으로 뻗어 나간다. 성전 내부에서 성전 뜰로, 예루살렘으로, 이스라엘 온 땅으로……. 그 너머에는 과거에 이스라엘을 반대하고 억압했던 "고임"(goyim) 즉 이방 나라가 있는데, 열성적인 유대인들은 화해 같은 건 상상할 수도 없을 만큼 '이방 나라를 향한 적의'를 품고 있었다. 하나님을 만나고 싶다면 이 동심원의 중심으로 들어가야지 주변부로 가서는 안 된다.

구약 시대에 이스라엘을 적대시했던 대표적인 나라가 이스라엘 북쪽에 붙어 있는 수리아(구약성경에 나오는 아람왕국의 헬라식 명칭. 오늘날의 시리아)였으며, 그 수도가 바로 다메섹이다. 세계에서 가장 오래된 도시 다메섹은 오늘날까지도 중동 지역의 정치적 중심지로 남아 있다. 이스라엘과 시리아 사이에는 끝없이 국경 분쟁이 일어났고, 국경 마을의 주인은 계속 바뀌었다. 사소한 충돌, 기습 공격, 전면전이 반복되었다. 골란고원에 서서 남서쪽으로 갈릴리 바다와 북서쪽으로 다메섹을 바라보면, 왜 이런 분쟁이 일어나는지, 왜 20세기 중엽부터 말기까지 갈등과 전쟁이 끊이지 않았는지 쉽게 이해가 간다.

아내와 함께 작은 렌트카를 타고 헤르몬산(헐몬산)을 올라가다가 비스듬히 경사진 면에 자리한 마을에서 잠시 쉬었는데, 그곳에서 음료를 한잔 마시는 동안 우리를 바라보던 평범하지 않던 시선들이 아직도 생생하다. 엄밀히 따지자면 그 마을은 법적으로는 현대 전쟁에서 이스라엘이 점령한 지역이었다. 하지만 그곳에 실제로 거주하는 이들은 여전히 시리아인이었다. 산 아래 남쪽에 있는 갈릴리의 평온함과 대조적으로 그 마을에는 적대감이 감돌았다. 다소의 사울이 로마 시민으로서 다메섹으로 여행할 때는 로마의 행정구역 내에서 이동하는 것인지라 활동이 자유로웠다. 하지만 열성적인 유대인인 그는 사실상 적진으로 향하는 것이나 다름없었다. 사울은 하나님의 뜻을 행하기 위해 가는 길이었지, 하나님을 만나러 가는 길이 아니었다.

그러나 예상과 전혀 다르게, 어쩔 수 없이 순례자가 된 사람은 다메섹에 있는 그리스도인들이 아니라 사울 자신이었다. 사울은 하나님의 땅, 거룩한 도시 그리고 성전을 떠나 여행하는 도중에 살아 계신 하나님을 대면하게 된 것이다. 그가 훗날 부활하신 예수님을 처음으로 만났던 분위기를 생생하게 담아서 기록한 내용을 보면, 그는 그날 "예수 그리스도의 얼굴에 있는 하나님의 영광을 아는 빛"을 마주했다(고후 4:6). 사람들은 살아 계신 하나님을 직접 대면하고자 순례를 떠난다. 그러나 사울은 문자적으로도, 비유적으로도 완전히 정반대 방향으로 갔을 때 비로소 순례자의 목표를 달성했다.

우리가 순례 길을 계획할 때도 이러한 역설을 깊이 생각해 보면 좋을 것이다. 누군가는 우리가 흔히 "성지"(Holy Land)라 부르는 곳으로 여행을 계획하면서 이 글을 읽을 수도 있을 텐데, 그렇다면 사울의 예가 더 분명히 도움이 되리라. 그렇지만 또 다른 누군가에게는 이 역설이 아직 분명하게 다가오지 않을 것이다. 그런 경우, 특별히 성지순례 계획이 아직 없는 사람들은(물론 성지순례를 계획하는 사람에게도 해당되기는 하지만) '순례 여행'이라는 것의 좀 더 깊은 의미에 초점을 맞추는 것이 좋을 것이다.

우리가 모두 여행 중이라는 건 누구나 잘 아는 말이다. 태어나서 자라고 죽음에 이르는 삶의 모든 과정이 여행이다. 또한 하나님과의 관계도 영적 여행이라 말할 수 있다. 그 여정은 푸른 초장과 쉴 만한 물가를 통과하기도 하고 사망의 음침한 골짜기나 광야를 지나기도 한다. 우리가 있는 곳에서부터 여행을 떠나, 순종하기도 불순종하기도 하면서 하나님이 이끄시는 곳으로 따라간다. 그분이 어디로 데려가시든 그 길 위에는 길을 안내하는 어떤 표지 즉 도로 표지판이 있다. 성지를 통과해 예루살렘으로 골고다로 그리고 궁극적으로는 빈 무덤으로 가는 실제의 지리적 여행은 은유나 상징으로서 이러한 표지판 역할을 한다.

우리를 만나러 여행을 떠나오신 분

다시 다소의 사울 이야기로 돌아오면, 그는 다메섹의 성문 앞에서 눈이 먼다. 우리는 그에게 일어났던 일을 "회심"(conversion)이라는 용어를 써서 설명한다. "회심"은 물론 '돌아서는 것'을 의미한다. 그러나 새로운 방향으로 돌아선 사람은 사울만이 아니었다. 내가 앞에서 말했듯이, 순례의 개념 자체의 방향이 완전히 바뀐다. 어떤 종류의 순례든, 순례의 길을 가는 우리도 이 회심에 관해 숙고해 볼 필요가 있다.

이제 바울로 이름이 바뀐 사울이 자신의 편지 곳곳에서 설명하듯, 예루살렘은 더는 거룩한 도시가 아니다. 그는 갈라디아 교인들에게 이제 우리 모두의 본향은 하늘에 있는 예루살렘이라고 말한다. 앞으로 올 하나님의 도시, 하나님의 목적 안에 이미 존재하고 있고 장래 어느 날에 나타날, 우리가 그 시민이 될 도시. 그러므로 이 땅에 있는 예루살렘은 어떤 의미에서는 하늘에 있는 도시를 가리킨다고 볼 수도 있다. 하지만 다른 의미에서는, 우리가 조심하지 않으면 그것은 우리의 주의를 흐트러뜨리는 것이 될 수도 있다.

마찬가지로, 예루살렘에 있는 성전은 더는 진정한 성전이 아니다. 살아 계신 하나님이 진정으로 거하시는 곳은 예수 그리스도시다. 자기 백성과 함께 계시고 그들의 죄를 용서해 주시겠다는 것뿐만 아니라 하나님의 모든 약속과 목적이 예수님 안에

집약되어 있다.

또 매우 급진적으로 들리겠지만, 진정한 성전은 우리 자신이기도 하다. 살아 계신 하나님의 성령이 우리 안에 거하시기 때문이다. 그러므로 숭엄하고 거룩한 모든 다른 건축물들과 더불어 예루살렘 성전은 본질을 가리켜 보여 주는 동시에 본질을 향해 나아가는 것을 방해하기도 하다.

그러므로 그리스도인에게 성지순례는 양면적인 것이다. 어떤 지역으로 순례를 떠나는 것이 자신을 자동으로 거룩하게 만들어 주거나 하나님께 더 가까이 나아갈 수 있게 해 준다고 착각하는 사람들은 실망하거나 신앙이 뒤틀릴 수도 있다. 오늘날 지구상의 어떤 특정 지역을 여전히 거룩한 땅이라 여긴 채 그곳에 가는 것이 종교적인 의무라고 주장하면서, 싸우고, 다투고, 분열하고, 죽을 때까지 그곳을 지키려는 사람들은 다소의 사울이 종교적인 열정에 사로잡혀서 다메섹으로 가던 것과 똑같은 오류를 범하는 것이다.

그러나 다른 한편, 예루살렘, 캔터베리, 아이오나, 린디스판, 리치필드에 가 봤자 아무것도 얻을 것이 없다고 생각하는 사람들은, 이런 곳들이 우리 모두가 추구하는 실재를 지시하고 보여 준다는 점을 놓치게 될 것이다. 우리가 도로 표지판 자체를 실재로 떠받들지 않는 한, 그 표지판들은 우리에게 꼭 필요한 도우미로 계속 기능할 것이다.

성지순례가 지닌 이러한 이중적 측면은 마태복음에서 빈 무덤 옆의 천사가 여자들에게 언급한 두 가지 내용에 잘 요약되어 있다. "와서 그가 누우셨던 곳을 보라"는 "그가 여기 계시지 않고 그가 말씀하시던 대로 살아나셨느니라"와 조화를 이룬다(마 28:6). 예수님이 부활하셨고, 승천하셨고, 영광을 받으셨기에 우리는 전혀 예상치 못한 곳에서 그분을 만나게 될 것이다. 크고 오래된 교회 건축물 같은 거룩한 장소나 예배나 찬송가 속에서만 아니라, 거리와 학교와 빈민가, 가난과 고통의 자리, 우리 자신의 겟세마네와 골고다, 찢긴 빵과 부어진 포도주, 그리고 분노를 품고 다메섹으로 가는 길에서 만나게 될 것이다.

사실, 예수님의 얼굴에 나타난 하나님을 찾으려고 여행을 떠난 자는 우리가 아니다. 오히려 우리를 찾아 여행을 떠나오시는 분은 하나님이시다. 어떻게 회심이 일어나는가? 예수님은 '네가 나를 택한 것이 아니라 내가 너를 택했'고 말씀하신다. 성 아우구스티누스가 고백하듯이, 쉼을 얻지 못하고 방황하는 순례자의 심령이 우리 안에 있음은 사랑의 하나님이 우리에게 그분을 향하는 마음을 주셨기 때문이다. 그래서 우리가 하나님 안에서 쉴 때까지는 결코 안식을 얻을 수 없는 것이다.

분노에 찬 불안이 우리를 우리 각자만의 여행길로 떠밀 때, 그것이 종교적인 의무감에서 나온 게 아니라면, 우리는 우리와 반대 방향에서 우리를 만나러 오시는 하나님을 발견할 것이다.

아마 그 만남은 두 대의 급행열차가 마주 보고 달려와 충돌하는 것과 같은 모습일 것이다. 그때 당신은 빛의 섬광을 보고, 3일 동안 눈이 멀게 되며, 충격적인 변화를 거쳐 박해자에서 설교자로 변하는 것이다.

회심의 방식과 속도보다 중요한 것

물론 그리스도인의 수만큼이나 회심의 방식도 다양하다. 누군가는 눈을 멀게 하는 빛이나 갑작스러운 계시의 경험 없이 천천히 점진적으로 신앙을 갖기도 한다. 하지만 당신이 어떤 문으로 들어왔는지보다 당신이 이제 믿음의 가정의 일원이 되었다는 사실이 더 중요하다. 사도행전이 세 번이나 자세하게 바울의 회심 이야기를 하는 목적은 바울의 경험을 모든 이가 따라야 하는 회심의 모델로 제시하려는 게 아니다. 오히려 그 반대다. 바울은 극적으로 색다른 경험을 한 사람으로 나온다.

그는 여러 사람 앞에서, 자기가 잘못된 목적을 가지고 잘못된 방향으로 가고 있다는 음성을 고통 중에 들었다. 그리고 거룩한 땅을 떠나 온 세상을 향한 새로운 여행길에 오르라는 명령을 받는다. 이제는 사람들을 쇠사슬에 묶어 예루살렘으로 잡아 오는 게 아니라, 세상 모든 사람에게 그들이 이미 묶여 있는 온갖 쇠사슬에서 풀려날 수 있는 자유의 소식과 메시아이신 예수님을 통해 온 세상에 아낌없이 부으시는 하나님의 기쁜 사랑의 소식을 전하라는 사명이었다. 회심에서 중요한 점은, 나의 길에서 하나님의 길로 '어떻게 또는 얼마나 빨리 돌아섰는가'가 아니라, 삶의 끝자락에서 볼 때 과연 '진정으로 돌아섰는가'다.

우리는 자신의 뿌리로 돌아가는 것으로 순례 여행을 시작한다. 오늘날 그리스도인은 하나님이 뉴욕이나 노팅엄, 리치필드나 런던, 멜버른이나 맨체스터에서와는 다른 방식으로 성지에 계시기에 그곳으로 성지순례를 떠나는 게 아니다. 성지가 우리의 뿌리요, 출발점이기에 가는 것이다. 우리가 섬기는 주님이 그곳에서 거닐고, 이야기하고, 웃고, 울고, 고통을 당하셨기에 가는 것이며, 신학적으로 명쾌하게 설명하기는 힘들지만 그곳이 여전히 주님의 위대한 능력의 기억을 간직하고 있기에 가는 것이다.

이런 의미에서 어떤 이들은, 성지가 사람들을 삼차원적인 현실로 이끌어 우리로 하여금 호숫가와 동산, 십자가에 계신 예수님을 상상하게끔 하고, 새로운 방식으로(다른 방식보다 더 낫다고는 말할 수 없을지 몰라도 어떤 이에게는 제자도의 새로운 차원을 경험할 수 있는 방식으로) 그분의 임재를 느끼게 해 준다는 이유로, 성지를 다섯 번째 복음서라고 묘사하기도 한다.

비록 우리가 직접 그 땅을 밟는 지리적인 성지순례를 할 수 없다 할지라도, 우리의 순례는 우리의 뿌리로 돌아가는 데서 출발해야 한다. 우리는 정기적으로 우리가 어디에서 왔는지 점검하고, 우리 삶을 사랑하는 하나님 앞에 내드리며, 새로운 방향 감각을 구해야 한다.

회심은 엄밀한 의미에서는 독특한 한 번의 사건이지만, 부수적 의미에서 볼 때 우리는 때마다 거듭거듭 회심해야 한다. 우리는 기도하고 묵상함으로써 우리의 뿌리로 돌아가야 한다. 그리하여 우리가 누구고, 어디서 왔으며, 특히 어떻게 기독교 신앙을 갖게 되었는지(몇 년에 걸쳐서 점진적으로든 혹은 순간적으로 눈을 멀게 하는 빛을 통해서든) 새로운 방식으로 인식해야 한다. 또한 그 토대 위에 우리가 무엇을 세웠고 지금까지의 순례 여정이 어땠는지 점검해야 한다.

그러나 무엇보다 가장 중요한 것은 시작하는 것이다. 성지 순례를 하는 사람 가운데 실제로 다메섹까지 가는 사람은 거의 없다. 그러나 순례자에게 다메섹으로 가는 길은 '전혀 예기치 못한 출발'을 의미한다. 지금 이 책을 읽고 있는 누군가는 그리스도 안에 계신 하나님을 처음으로, 또는 완전히 새로운 방식으로 만나기 위해 지금 전혀 예기치 못한 새로운 출발을 할 필요가 있을지도 모른다. 그러한 만남은 우리를 겸손하게 한다. 그래서 우리는 그 만남을 거부한다. 기존 교회에서는 회심에 대해 말을 꺼내는 게 사교적 실수를 범하는 것으로 느껴지기도 한다.

그러나 바울처럼 자신의 종교가 살아 계신 하나님의 사랑스러운 얼굴을 막는 가림막이 된 매우 종교적인 사람까지 포함해서, 예기치 못한 상황에 있는 전혀 의외의 사람에게도 회심은 일어난다. 회심은 누구에게나 일어날 수 있다. 바로 당신에게도.

어떤 사람의 경우, 오랫동안 잠자고 있던 영성이 다시 깨어나기도 한다. 에드윈 뮤어(Edwin Muir)는 나이 오십 즈음에 일기장에 다음과 같은 글을 적었다.

> 지난 밤, 혼자 잠자리에 들다가 (조끼를 벗다 말고) 갑자기 크고 힘차게 주기도문을 암송하는(오랫동안 해 보지 않았던 일이다) 내 모습에 스스로 깜짝 놀랐다. 나는 몹시 절박하고 혼란스러운 심정으로 외치고 있었다. 주기도문을 계속 암송을 하면서 마음이 차분해졌다. 공허하고 갈망하던 것이 다시 채워진 듯 내 영혼이 안정되었다. 단어 하나하나가 신기할 정도로 풍부한 의미를 담고 다가와 나를 놀라게 했고 또한 기쁘게 했다. 늦은 밤이었다. 나는 일어나 앉아 말씀을 읽기 시작했다. 졸음이 몰려왔다. 하지만 옷을 반쯤 걸친 채로 방 한가운데 서서 주기도문을 반복해서 외우는 동안, 계속해서 솟아오르는 새로운 의미가 주는 즐거운 놀라움에 압도당했다.'[1]

다소의 사울처럼 회심이 누군가 앞에 극적으로 다가와, 삶을 돌이켜 반대 방향으로 가게 만드는 식으로 일어나기도 한다. 뮤어가 주기도문의 능력을 재발견할 무렵, 러시아의 젊은 공산주의자가 어떤 모임에 참석해서 한 그리스도인이 자신의 신앙을 설명하는 걸 들었다. 그는 화가 났다. '도대체 요즘 시대에 누가 저런 말도 안 되는 미신을 믿는단 말인가?' 그는 집으로 돌아가서 이 문제를 영원히 해결할 수 있도록 기독교에 대한 반박문을 쓰기로 작정했다.

자료를 수집하기 위해 그는 오래된 성경을 찾아 조사하기 시작했다. 시간 낭비가 싫었던 그는 사복음서 가운데 가장 짧은 마가복음을 읽기로 했다. 훗날 그는 하나님이 유머 감각이 있으시다는 걸 깨달았다고 고백한다. 마가복음은 바로 그와 같은 생각을 가진 사람을 위해 기록되었다. 그 책은 사정을 봐주지 않고 곧장 핵심으로 들어가서는, 메시아이신 예수님이 자신의 죽음과 부활로 세상의 모든 정치적 이상을 무색하게 만드는 왕국을 가져온다고 설명한다. 다시 마가복음을 읽고 난 뒤에 그는 다른 복음서도 마저 읽었다. 그리고 밤을 새워 가며 나머지 신약성경을 전부 읽었다.

아침이 되었을 때 그는 믿고 기도하는 그리스도인이 되어 있었다. 이 사람이 바로 우리 시대의 유명한 러시아 정교회 주교가 되어 신자들을 극심한 고통 가운데서 이끌어 가면서도 언제나 예수님의 얼굴에 나타난 하나님의 영광을 바라보고 묵상했던 앤소니 블룸(Anthony Bloom)이다.

마지막으로, (어떤 면에서는 전형적이나 때로 우리를 혼란스럽게 했던)

성공회 교인 존 벳제만(John Betjeman; 영국의 시인이자 방송인)을 생각해 보라. 1955년에 한 유력한 인본주의자가 기독교를 공격하는 내용을 시리즈로 방송했다. 벳제만은 특유의 절제된 스타일로 사도 바울의 회심과 일반적인 회심에 대한 묵상 글을 써 거기에 답변했다.

> 그의 회심에 분노한 현대인들은
> 프로이트가 모든 것을 설명해 준다고 말하며
> 사도 바울을 종종 비난하네.
> 그러나 그들이 빠뜨린 게 있으니.
> 진정 중요한 건, 어떻게 회심이 일어났는지보다
> 바울이 믿은 게 무엇이었는지인 것을. ……
> 회심이란 무엇인가?
> 내가 사도 바울의 체험을 하는 것이 아니요,
> 눈을 멀게 하는 광선도, 쓰러지게 하는 불꽃도 아니라.
> 내가 아는 모든 신앙의 빛은
> 때로 완전히 사라져서 나를 의심에 빠지게 하네.
> 내가 직접 나가서 하나님의 집에서—
> 나의 교구 교회에서—예배할 때까지,
> 심지어 그곳에서도 나는
> 도처에서 산만하게 하는 방해물들을 발견하네. ……

회심이란 무엇인가?

돌아서서 심오한 사랑을 바라보는 것,

어떤 이에게는 순전한 예수님을 바라보고

다시는 뒤돌아보지 않는 것,

어떤 이에게는 보고 알고는 돌아서서 혼자 가 버리는 것,

그러나 우리 대부분에게는 천천히 돌아서서

나무에 달린 사람을 바라보고는

우연히 발견하기도, 안 보여서 더듬거리기도 하면서

간헐적인 소망으로 지탱하는 것.

하나님, 우리 모두 죽기 전에

사도 바울처럼 그 빛을 보도록 허락하소서.[2]

　　내적으로든 외적으로든 우리의 순례 여행이 우리를 향한 하나님의 사랑을 보게 하는 예수님을 직접 대면하고, 그분의 세상에서 그분을 새롭게 섬기는 길로 나아가도록 이끌어 주기를 기도한다.

2. 요단강으로 가는 길

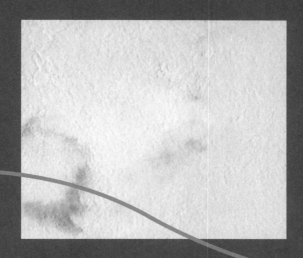

세례。 옛 사람이 죽고 새 사람이 된 새 정체성의 선포

약속된 땅으로 가는 길은 요단강을 건너야 한다. 과거에도 그랬고 앞으로도 항상 그럴 것이다. 그 길은 우리를 세상에서 가장 유명한 강둑으로 인도한다. 지금 보면, 요단강은 작고 보잘것없는 강이다. 그다지 길지도 않다. 헤르몬산의 남쪽 기슭에서 발원하여 게네사렛 호수(모양이 하프처럼 생겨 붙여진 이름. 하프를 히브리어로 "키노르"라고 한다) 혹은 갈릴리 바다(정확히 말하면, 갈릴리 호수)라고 불리는 곳으로 흘러드는 강의 길이는 기껏해야 32킬로미터밖에 되지 않고, 다시 갈릴리 바다에서 남쪽으로 흘러 지구상에서 가장 낮은 지점인 염해(사해)까지 이르는 길이도 약 97킬로미터밖에 되지 않는다.

봄이 되어 헤르몬산에 쌓인 눈이 녹고 갈릴리에 많은 비가 내려 강이 불어 급류를 형성한다 해도, 이스라엘 정부가 파이프로 물을 빼내기 때문에 개울 수준의 흙탕물이 흐를 뿐이다. 강이 여리고에 이를 때쯤에는 물이 거의 남아 있지 않아 최근에는 사해조차 마르기 시작했고, 그 결과 지형이 달라졌다. 물의 유입이 증발량을 보충할 수 없어서다. 에스겔은 사해가 새로워져서 사람

들이 거기서 고기를 잡게 되리라고 예언했지만, 현재 추세가 지속된다면 예전처럼 마른 땅에 집을 짓고 길을 만들게 될 날이 올지도 모른다.

여호수아의 요단강 도하와 나아만의 치유 사건

성경 시대에도 요단강은 그렇게 인상적인 강은 아니었던 것 같다. 열왕기하 5장의 유명한 이야기에서 아람(시리아) 군대 장관인 나아만은 요단강이 헤르몬산 북동쪽 기슭에서 발원하여 다메섹으로 흐르는 아바나강이나 바르발강과는 비교조차 되지 않는다고 말한다(열하 5:12).

그러나 이 이야기에는 지리적인 비교 이상의 메시지가 숨어 있다. 바로 국가적인 자부심 문제요, 그 심층에는 신들의 충돌이라는 중대한 사안이 있었다. 나아만은 아람의 왕족이며 아람의 신 림몬을 섬기고 있었다. 남쪽에 있는 이스라엘로 올 때 그는 이스라엘의 신 여호와를 알고 있었다. 그가 림몬의 강과 여호와의 강을 비교하는 것은 자신의 조국과 자기 나라의 신이 이스라엘에 있는 그 어떤 것보다 우월하다는 선언이었다.

그럼에도 불구하고 나아만은 다메섹에서 이스라엘로 여행을 떠났다. 그 길은 다소의 사울이 회심 전에 떠났던 여행과 거의 정반대로 향하는 여정이었다. 이는 긴 여행이 아니었다. 골란고원을 가로지르는 약 65킬로미터 정도 되는 길이었는데, 그 고원은 3,000년이나 지난 지금도 여전히 분쟁 지역이다. 그곳에는 아직도 전쟁이 벌어질 때마다 속한 나라가 바뀌는 마을과 나아만 아내의 어린 여종처럼 자고 났더니 소속이 바뀌어 버린 사람들이 있다.

나아만이 타국으로 여행을 떠날 때 대개는 정복군의 수장으로서 갔다. 그러나 지금 이곳에서 훈장을 주렁주렁 매단 오성장군이 유대인 선지자의 집 문을 두드리면서 도움을 청하고 있다. 이는 일상적인 요청이 아니었다. 나아만은 자신의 나병이 낫기를 원했지만 그의 신 림몬은 아무것도 해 줄 수 없었다. 그때 그의 아내의 어린 여종이 (몇 가지 이유에서) 이스라엘에는 이 문제를 해결할 수 있는 사람이 있다고 생각한 것 같다.

사실 엘리사가 나아만에게 한 일을 이해하려면 시간을 거슬러 올라가야 한다. 요단강은 이스라엘 건국 이야기인 출애굽 사건에서 매우 중요한 역할을 했다. 이스라엘은 애굽(이집트)에서 종 노릇했고, 홍해를 무사히 건너게 하심으로써 하나님은 이스라엘을 구해 주셨다. 그 후에 이스라엘은 광야에서 40년을 보내다가 사해 북쪽에 있는 요단강 동편에 이르렀다. 언약궤를 든 제사장들이 요단강 한복판에 서 있는 동안 백성들은 말라 버린 강바닥을 행진하여 약속의 땅으로 들어갔다. 그리고 여호수아는 이스라엘 각 지파에서 한 명씩 열두 명을 택해 언약궤를 멘 제사장들이

서 있던 곳에서 열두 개의 돌을 취해 그들이 건넌 강가에 세우게 했다.

상징성은 명확하다. 요단강을 건넌 사건은 이스라엘 열두 지파에게는 결정적인 순간이었다. 그들의 진짜 정체성을 형성해 주고, 약속의 땅을 실현해 주었다. 그들의 하나님, 출애굽과 언약의 하나님이 그들을 이끌어 요단강을 건너게 하시고 가나안 땅을 주신 것이다.

그 순간부터 이스라엘 백성은 출애굽과 광야와 요단강 도하를 하나님이 그들을 그분의 백성으로 삼아, 자유를 주시고, 새로운 정체성을 주신 시간으로 기념한다. 물론 요단강을 건넌 사건이 그들을 완전하게 만들어 준 건 아니었다. 아직 가야 할 길은 멀고, 앞으로 숱한 슬픔과 문제와 실패를 마주해야 한다. 그들이 자유를 얻음으로써 이제 반역할 자유도 생겼기 때문이다.

그럴 경우, 이스라엘 백성과 언약적 사랑의 관계를 맺은 하나님은 그들을 그 땅에서 다시 추방하실 의무가 있다. 그러나 추방당했을 때도 그들이 요단강을 건너는 순간에 받은 하나님의 백성으로서의 지위는 여전하다. 그리하여 하나님의 언약적 사랑은 그들을 계속해서 연모하여, 그들이 다시 돌아와 그분의 진정한 백성으로 회복되기를 끊임없이 권하는 것이다. 한마디로 광야와 강은 치유하고 회복시키시는 이스라엘의 여호와 하나님의 사랑을 상징한다.

그러므로 우리는 엘리사가 나아만에게 내린 지시에 놀라서
는 안 된다. 나아만은 사람들이 자기 앞에서 몸을 굽히는 상황에
익숙하다 보니, 자신의 나병을 치료하기 위해 이 선지자가 할 일
에 관해서도 비슷하게 생각했다. "내 생각에는 그가 내게로 나와
서서 **그의 하나님** 여호와의 이름을 부르고 그의 손을 그 부위 위
에 흔들어 나병을 고칠까 하였도다"(열하 5:11). "그의 하나님"이라
는 표현에 주목하라. 나아만은 여전히 여호와를 나병 치유가 전
문인 이방의 작은 신쯤으로 여기고 있다.

그러나 엘리사는 나아만이 기대하는 방법대로 행할 마음이
전혀 없었다. 나아만의 병이 여호와께 고침받으려면 그는 여호와
가 누구신지부터 배워야 했다. 여호와 하나님은 이스라엘의 한낱
부족 신이 아니시다. 그분은 온 땅의 신이시고, 치유하시고 풀어
자유케 하시는 하나님이시며, 창조와 언약의 하나님, 출애굽과
광야와 요단강의 하나님이시고, 신실하게 구속하시는 사랑의 하
나님이시다. 하나님이 작정하신 바는 그대로 시행되어야 한다.
하나님과 관계를 맺으려면 요단강으로 내려가 씻어야 한다. 언약
의 복을 원한다면 언약의 상징을 받아들여야 한다.

나아만이 그 순간 분노한 이유는 바로 이런 엄청난 도전 때
문이었으리라. 그의 종들이 그를 진정시켰고, 나아만은 다른 선
택지가 없음을 깨달았다. 마침내 그는 엘리사가 말한 대로 요단
강으로 내려가 일곱 번 몸을 씻었다. 그리고 그의 살은 어린아이

의 살처럼 회복되었다. 깨끗하게 나은 것이다.

　　뒤이어 이 이야기의 핵심 내용이 이어진다. 그는 자신의 군대와 함께 돌아와 새롭게 발견한 신앙을 엘리사 앞에서 고백한다. "내가 이제 이스라엘 외에는 온 천하에 신이 없는 줄을 아나이다"(열하 5:15).

　　나아만은 아직도 갈 길이 멀다. 그는 다시 다메섹으로 돌아가서 겉으로는 전에 하던 대로 행해야 할 것이다. 그러나 온 땅에서 유일하게 참되신 하나님을 만났고 고침을 받았기에 그의 마음은 불타고 있었다. 나아만에게 새로운 충성심이 싹텄다. 그는 이제 진실로 감사하는 마음으로 진리의 길을 찾을 것이다. 나아만은 새로운 정체성을 얻었다. 요단강에서의 그 순간으로 그는 영원히 새롭게 규정된 것이다.

그리스도를 따르는 순례의 시작

　　우리가 탁류가 흐르는 요단강 둑으로 갈 때, '여호수아'와 '나아만'은 이스라엘 백성이 1,000년 넘도록 간직해 온 강력한 상징을 우리가 이해하게끔 도와준다. 그러므로 우리는 신약성경뿐 아니라, 유대인 역사가 요세푸스의 글에서 '이스라엘의 갱신 운동을 이끌면서 사람들을 광야로 나오도록 촉구하고 거기에서 요단강을 건너 약속의 땅으로 들어가는 의식을 상징적으로 재현했던 한 유대인 선지자'(세례 요한)에 대해 읽게 될 때 놀랄 것 없다.

엘리야나 엘리사처럼 옷을 입은 이 광야의 사람은 요단강 가에 서서 엘리사가 나아만에게 요구했듯이 사람들에게 요단강에서 씻어 새로운 백성이 될 것을, 아니 이스라엘의 하나님이 마침내 언약을 갱신하시는 진정 새로운 백성이 될 것을 요구했다. 이 선지자의 이름은 요한이었다. 세례 요한이 사람들을 물속으로 밀어 넣고 다시 일으켜 다른 편으로 이끌었던 것은 단순히 유대인들이 부정하게 되었을 때마다 반복하던 정결 의식을 새롭게 시도하려던 게 아니었다.

참으로 그들에게 결정적인 순간이었다. 그들은 이제 새로운 정체성을 받은 것이다. 그들은 이제 새롭게 되어 하나님의 새 언약 백성이 되었으며, 그것이 실제적으로 무엇을 의미하는지 배워야 하는 것이다. 그들은 새로운 출애굽을 경험했으며, 그들을 약속의 땅으로 인도할 새 여호수아를 찾아야 한다.

요한이 세례를 주고 있을 때 갈릴리 출신의 "여호수아"라는 이름을 가진 이가 나타났다. "예수아"("여호수아"가 바벨론 포로 이후에 발음이 이렇게 바뀌었다) 또는 헬라어로 "예수스"라고 하는 "예수"였다. 예수님이 물속에 들어갔다가 나오시자 성령이 그 위에 임했고, 하나님은 이 사람이 자신의 사랑하는 아들이라고 직접 선포하셨다. 그러자 이스라엘 동부의 많은 지류가 요단강으로 모여들듯 이스라엘 역사의 수많은 지류가 그 순간으로 집중되었다. 이 때가 바로 하나님의 백성이 누구인지를 명확하게 보여 주는 순간이었다.

새 언약의 백성은 예수님의 사람들로 알려졌다. 하나님의 백성에 속하기를 원한다면 그분의 사랑하는 아들을 따라야 한다. 모세가 횃불을 여호수아에게 건네주면서 백성들을 약속의 땅으로 인도하라고 한 것처럼, 이제 새로운 여호수아가 마지막 선지자에게서 횃불을 건네받은 것이다. 그 뒤에 예수님은 갈릴리로 가며 선포하셨다. "때가 찼고 하나님의 나라가 가까이 왔다."

1,500년이 넘도록 요단강이 이스라엘 사람들에게 의미했던 모든 상징이 이제는 세례의 행위에 녹아들었고, 그 순간은 기독교 순례가 진정으로 시작되는 지점이 되었다. 살아 계신 하나님이 어떤 방식으로 당신을 만나시든지(다메섹으로 가던 사울이 경험한 것처럼 눈을 멀게 하는 강렬한 빛으로 나타나시든지, 혹은 신약 시대나 그 이후의 많은 사람들에게 그러셨듯이 살아 계신 하나님이 따뜻하게 기쁨과 도전을 주시면서, 당신에게 말씀하시고, 부르시고, 사랑하시고, 용서하시고, 사명을 맡기시는 식으로 점진적으로 나타나시든지), 개인적인 신앙을 갖게 되는 다양한 방식은 결국 세례로 귀결되고 공적으로 선포된다. 신약적인 개념에 따르면, 세례받지 않은 그리스도인은 비정상적인 상태다. 물로 씻는 세례는 우리가 유일하신 참하나님의 언약 백성이 됨을 표현하는 의식이다.

신약 시대에는 그리스도인의 세례가 여전히 요한과 요단강을 떠올리게 하기는 했지만, 곧 예수님 자신과 그분의 죽음과 부활에 집중하는 것으로 바뀌게 된다. 1세기에 "밥티조마이"라는 헬라어 단어가 지닌 의미는 '물에 빠져 죽다'였다. 예수님이 십자가에 달려 돌아가신 지 약 25년 후에 바울은 골로새서와 로마서를 쓰면서, 세례가 새 언약 공동체에 속하는 것뿐만 아니라 예수님의 죽음과 부활에 동참하는 걸 의미한다고, 마치 이것이 이미 그 당시에 교회에 널리 알려진 사실인 듯 말한다.

사람을 물속에 집어넣고 다시 일으키는 행위는, 유대인들에게 내포하고 있던 의미를 잃지 않으면서도, 옛 사람이 죽고 새사람이 된다는 현실을 강력하게 상징적으로 보여 준다. 이는 분명 사람들에게 새로운 정체성을 부여해 주는 매우 결정적인 순간이다. 광야와 강, 십자가와 빈 무덤은 창조주이신 언약의 하나님이 베푸시는 '치유하는 사랑'을 상징적으로 보여 준다. 언약의 복을 원한다면 언약의 상징도 받아들여야 할 것이다.

이처럼 우리가 세례를 기독교 순례의 공적 시작을 알리는 결정적인 순간으로 이해하면, 세례와 관련해서 종종 제기되는 몇몇 문제들을 피할 수 있다. 현대 서구식 사고방식은 상징과 상징적인 행동을 단순히 미신적인 의식으로 간주하고 의심의 눈길로 바라본다. 그리하여 종종 세례를 필요 없는 의식이요, 살아 있는 믿음을 상징하는 의식이 아니라 그저 사회적 관습에 지나지 않는다고 치부한다. 이는 물을 뿌리고 몇 마디 말을 중얼거리는 행위로 사람들을 그리스도인으로 만들 수 있고 그들의 영혼을 영원히 구원할 수 있다고 생각하는, 성례 의식 자체에 무슨 마법적인 요소가 있는 양 구는 견해에 대한 불가피한 반응으로 보인다.

이런 생각 때문에 지난 세대에 유럽은 말린느-브뤼셀(Maline-Bruxelles)의 카리스마적인 대주교였던 쉬넨스(Suenens) 추기경이 옥스퍼드의 셸도니안 극장에서 했던 연설 내용과 같은 모습이 되어 버렸다. 극장을 가득 메운 청중을 향해 그는 이렇게 지적했다. "세상은 세례받은 비(非)그리스도인으로 가득합니다." 이 말에는 우리가 외면하고 싶지만 그럴 수 없는 문제가 담겨 있다. 하지만 우리 세대는 상징적인 행동의 능력에 대해 다시금 인식하기 시작했다. 그러므로 세례의 영광과 신비를 다시 향유할 만한 때가 무르익었다. 성례는 마음을 움직이는 마술이 아니다. 하지만 분명 단순히 공허한 상징도 아니다.

당신은 세례식에서 돌아서면서 나아만처럼 "집에서 편안하게 목욕이나 할걸"이라고 말할 수 없다. 당신은 문화적인 자만심을 버리고 예수님의 죽음에 동참하는 모욕을 감수해야 하며, 그리하여 그 순간과 그 행동으로 새롭게 되어 부활의 삶을 사는 새로운 길로 들어서야 한다. 예수님과 살아 있는 관계를 맺기 위해서는 요단강으로 내려가 씻어야 한다. 당신이 예수님의 죽음과 부활에 동참한다는 사실을 공적이고 또한 가시적으로 보여 줘야 하며, 이후의 모든 삶이 이 사건으로 말미암아 규정되도록 해야 한다.

이는 나처럼 유아 세례를 받아 세례식을 전혀 기억하지 못하는 이들이 세례의 의미를 잘 이해할 수 있게 해 준다. 세례는 시작이지 결코 끝이 아니다. 순례 여행의 출발점이지 종점이 아니다.

이스라엘 백성을 다시 한 번 생각해 보라. 그들은 광야와 요단강을 하나님이 자신들에게 자유와 새로운 정체성을 주신 순간으로 기억한다. 그 사건이 그들을 완전하게 만들어 주지 않았던 것처럼 세례도 우리를 완전하게 만들어 주지 않는다. 하나님이 우리에게 자유를 주셨기에 우리에게는 거역하고 제멋대로 할 자유도 있는 것이다.

탕자처럼 우리도 아버지 집에서 멀리 도망가서 자신이 원하는 삶을 살 수도 있다. 그러나 심지어 그때에도 우리는 여전히 물속에서 세례받은 순간에 의해 새롭게 규정된 존재다. 예수님의 죽음과 부활을 가리키는 세례는 우리가 누구인지 말해 주는 요단강 가에 세워진 열두 개의 돌과 같은 역할을 한다. 그리스도 안에 나타난 하나님의 언약적 사랑은 계속해서 우리를 찾아와, 우리에게 다시 돌이켜 하나님의 진정한 백성이 될 것을 강권한다.

이것이 바로 유아 세례를 받은 사람의 상황이다. 그들은 세례를 받은 그 순간으로 말미암아 평생의 정체성이 정해졌다. 하지만 하나님의 자유로운 자녀가 되었다는 바로 그 이유 때문에 마음대로 거부할 수도 있다.

바울은 자신의 편지에서 바로 이런 상황에 대해 종종 언급한다. 그의 편지 수신인들은 세례를 받았다. 물론 잘한 일이지만, 이제 그들은 실제적으로 세례가 의미하는 내용을 실천해야 한다. "세례받았으니 이제 어떻게 살고 어떻게 생각하든 상관없어"라고 말해서는 안 된다. 세례는 당신이 예수님을 따라 십자가의 길로 순례 여행을 떠나는 것을 의미하기 때문이다. 이제 이것이 당신의 정체성이다.

10대 청소년기나 성인기가 될 때까지 세례를 미룬다 해도 상황이 바뀌지는 않는다. 세례받은 성인 모두가, 때로 하나님을 떠나는 위험을 감수하더라도 정말 예수님을 따르기 싫고, 거부하고 싶고, 심지어는 고의적으로 '언약의 하나님이 언약을 거역한 자들에게 내리시는 추방의 형벌'을 받고 싶은 때가 있다는 걸 잘 알 것이다. 바울은 계속해서 우리가 받은 세례에 근거해, 믿음과 순종을 권면한다. 바울은 당신이 이미 순례의 길에 들어섰다고 말한다. 당신은 세례를 통해 예수님의 죽음과 부활에 동참하는 인생이 되었다. 그러므로 계속 앞으로 나아가야 한다.

또한 바울은 우리를 그리스도 안에서 하나님의 새로운 백성으로 선포하는 세례가 우리의 정체성을 나타내는 유일한 것이라고 주장한다. 우리는 우리 자신을 다른 식으로 규정하려는 유혹을 끊임없이 받는다. 사회적 지위, 성별, 나이, 재산, 신분, 국적이나 인종 등으로 우리의 정체성을 확정하려 한다. 그러나 세례를 받는 물속에서 이 모든 것들의 중요성은 다 사라져 버린다.

바울은 예수님이 세례받으실 때 하나님이 하신 말씀을 근거로 이 사실을 우리에게 적용한다.

> 너희가 다 믿음으로 말미암아 그리스도 예수 안에서 하나님의 아들이 되었으니 누구든지 그리스도와 합하기 위하여 세례를 받은 자는 그리스도로 옷 입었느니라 너희는 유대인이나 헬라인이나 종이나 자유인이나 남자나 여자나 다 그리스도 예수 안에서 하나이니라.
>
> ✝ 갈라디아서 3장 26-28절

세례는 우리 모든 그리스도인의 공통된 출발점이다. 세례는 우리가 유일하고 참되신 하나님의 언약의 가족임을 선포한다. 성만찬에서 하는 신앙고백은 우리가 세례받을 때 한 고백을 반복하는 것이다. 이는 물속에서 나오면서 자신이 치유된 것을 알았던 나아만처럼, 이 세상에 하나님과 같은 신은 없다고 선포하는 것이다. 그 후에 우리가 하나님의 가족 식탁에서 즐겁게 먹으면서, 예수님의 죽음과 부활에 동참함을 상징하는 물세례를 통해 우리를 자신의 아들과 딸로 삼으실 뿐만 아니라 또한 순례자로 부르신 하나님이, 이제 이 순례 길에서 우리에게 힘을 불어넣을 꼭 알맞은 양식을 주신다는 것을 알게 된다.

이제 순례 여행을 떠나면서, 우리는 하나님이 진실로 누구시며 우리가 정말로 누구인지 기억하기 위해, 요단강에서 일어났던 일과 세례식에서 일어났던 일을 되새겨 본다. 물과 빵과 포도주는 많은 진실을 말해 준다. 이 모든 것이 정확한 안내 표지판이다. 이것이야말로 약속의 땅으로 가는 길이다.

3. 광야의 길

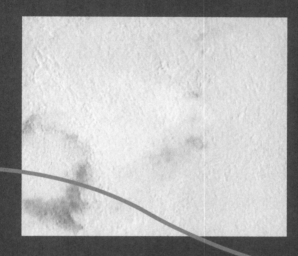

마음의 황폐。 하나님의 마음의 깊이를 발견하는 시간

요단강에서 예루살렘으로 가는 길은 광야를 지난다.

예수님 시대보다 약 200년 전에 어떤 유대인 현자는 이렇게 썼다. "젊은이들이여, 주님을 섬기려거든, 시험을 당할 준비를 하라." 이 말은 복음서 기자들이 예수님의 세례 장면을 묘사한 후에 말한 것과 비슷하다. "성령으로 충만해졌다면 광야로 이끌려 나갈 것을 예상해야 한다."

일단 당신이 약속의 땅에 들어섰다면 당신은 광야에서 그리 멀리 있지 않다. 남쪽이나 남동쪽으로 몇 킬로미터만 가거나, 북동쪽으로 요단강을 건너면 광야로 들어가게 된다. 이스라엘 군사들이 그 광야로 들어갈 때면, 그들은 체력을 유지하기 위해 매 시간마다 약 500시시(cc)의 물을 마신다.

감람산 정상에서 보면 서쪽으로는 예루살렘 너머로 포도나무와 무화과나무를 비롯해 풍요로운 삶을 보여 주는 광경이 펼쳐지는 반면, 동쪽으로는 사해가 보인다. 그리고 당신과 사해 사이에 광야가 가로놓여 있다. 지중해에서 몰려오는 비는 예루살렘과 감람산을 포함하는 유대 언덕에 내린다. 그러나 거기서부터 동쪽

으로는 건조한 지역이며, 이따금씩 내리치는 폭풍이 홍수를 일으켜서 그 물줄기가 와디스(남방 시내)를 지나 사해까지 이르게 한다. 당신이 지금 예루살렘에 있다면 광야는 바로 고개 하나 너머에 있는 것이다.

최소한 히브리서가 기록된 때로부터 광야는 기독교 저술들에서 영적 여정에 있는 어두운 측면의 상징으로 쓰여 왔다. 회심, 세례, 믿음(하나님의 임재와 사랑, 소명, 양자 됨을 상징하는 풍성한 이미지들)…… 그 뒤에 광야가 있다. 주님을 섬기고 싶다면 시험을 만날 준비를 해야 한다. 요단강에서 예루살렘으로 가려 한다면 당신의 광야를 거쳐야 한다.

이는 단지 모차르트 곡을 연주하려면 먼저 음계 연습을 해야 한다거나, 독일어를 말하기 원한다면 불규칙 동사를 배워야 한다는 수준을 의미하는 게 아니다. 그것도 물론 필요하지만, 훨씬 더 깊은 의미가 있다. 오랜 세월 동안 기독교 저술가들은 그리스도인의 순례 여정에 따르는 여러 단계에서 광야를 통과하는 것이 필수라고 주장해 왔다.

당신이 알지 못하는 곳에 도달하기 원한다면 무지라는 길을 통과해야 한다. 당신이 갖지 못한 것을 갖기 원한다면 갖지 않음이라는 길을 통과해야 한다. 당신이 아닌 곳에 도달하기 원한다면 당신이 아닌 길을 통과해야 한다.[3]

다양한 저마다의 광야에서

유대 광야와 시내 광야가 결코 어떤 획일적인 형태가 아닌 것처럼, 광야의 모양과 크기는 제각각이다. 예전에 나는 광야란 모래벌판이 끝없이 펼쳐져 있고 점점이 오아시스가 박힌 곳이라 생각했다. 그러나 약속의 땅을 둘러싼 광야는 다양한 형태를 띤다. 그 광야는 예루살렘이 멸망한 후에 혁명가들의 최후의 보루였던 사해 남서쪽의 마사다처럼 우뚝 솟은 거대한 바위들로 가득하다. 거기에는 협곡과 크레바스(빙하 속의 깊은 균열), 거대한 바위, 은밀한 골짜기가 곳곳에 있다. 가던 길에서 2-3킬로미터 정도만 벗어나 걸어가도 쉽게 길을 잃을 수도 있다.

영적 여정에서의 광야도 이와 같다. 어떤 이에게는 그곳이 매우 건조한 곳이다. 기도하거나 성경을 읽을 때도 전혀 기쁨이 없다. 교회에 가는 것이 지루하고 헛된 일처럼 느껴진다. 성례는 아무 의미 없는 의식처럼 보인다. 부드럽게 돌보고 인도하는 사랑하는 아버지와 같은 하나님의 임재와 성령의 지혜로운 격려를 느끼기도 전에, 먼저 깊은 공허가 찾아온다.

한때 완전히 마음을 사로잡고 설레게 하던, 새로 사귄 친한 친구의 삶이 담긴 홈페이지 같던 예수님 이야기가 이제는 더없이 지루해지고, 십자가와 부활 이야기마저 매력을 잃는다. 이는 많은 그리스도인이 순례 여행 중에 겪는 흔한 경험이다.

슬프게도, 어떤 이는 요단강에서 있었던 일은 환상이요 헛된 것이었다고 성급하게 결론지으면서, 우리가 도달해야 할 예루살렘 같은 것은 없다고 생각한다. 또 다른 이는 소망을 상실한 채 길을 잃고 방황하며 이리저리 넘어지다가 우연히(정말로 우연일까?) 다시 올바른 길로 돌아오기도 한다. 그러나 성숙한 그리스도인이 되는 길은 광야 자체를 인식하면서('신실함'이라 부를 길을 걸어가면서) 순종과 인내로 발걸음을 옮기는 것이다.

> 나는 내 영혼에게 말했다. 잠잠하라.
>
> 소망 없이 기다리라,
>
> 잘못된 것을 소망할 수 있으니.
>
> 사랑 없이 기다리라,
>
> 잘못된 것을 사랑할 수 있으니.
>
> 그러나 여전히 믿음을 가지라.
>
> 믿음과 사랑과 소망은 모두 기다림이니.
>
> 아무 생각도 하지 말고 기다리라,
>
> 아직 너는 생각할 준비가 안 되었나니.
>
> 그러면 어둠이 빛이 되고, 적막이 춤이 되리라.[4]

물론 이러한 광야 같은 황량한 마음 상태를 불러오는 분명한 요인은 다양하다. 소위 '순전히 영적인' 것은 없다. 때로는 피곤함이 큰 원인이기도 한다. 엘리야는 바알 선지자들을 죽인 후에 이 세벨을 피해 도망갈 때, 광야로 들어가서 하룻길을 걷고 난 뒤 너무 낙담한 나머지 하나님께 그 자리에서 죽여 달라고 요청했다. 하나님의 응답은 어떠했는가? 하나님은 여러 갈래로 응답하셨는데, 그 처음 세 가지는 잠, 음식, 음료수였다. 그것도 두 번씩이나 반복해서. 그런 뒤에야 엘리야는 광야 길을 계속 갈 수 있었다.

때로는 이런 과정 전체가 자기 합리화일 수도 있다. 우리는 계속 올라가기 위해 자신에 대한 압박을 멈추지 않는다. 쉴 시간이 없다고 자기를 설득하고, 너무 일이 많아서 식사할 시간조차 없다고 말한다. 몸이 우리에게 보내는 경고는 제대로 접수되지 못한 채, 끝내는 시스템 자체가 꺼지고 만다. 그런 상태에서 문제의 증상(하나님의 임재와 사랑을 인식하지 못하는 상태)을 근본적인 원인으로 오해하면, 우리는 마치 스스로 방문을 닫아걸고서 엄마를 향해 왜 자기를 찾으러 방에 들어오지 않느냐고 화를 내며 소리치는 아이처럼, 자신의 문제로 하나님을 원망하는 심각한 오류를 범하게 된다.

그러나 때로는 피할 수 없는 문제 때문일 수도 있다. 수술을 받고 난 뒤나 출산을 한 뒤 몸이 한없이 지치고 우울한 상태가 되는 것처럼 의학적인 원인이 이유일 때도 있다. 때로는 매우 가까운 사람이 치명적인 병으로 죽게 된 경우처럼 어쩔 수 없는 상황으로 인한 것일 수도 있다. 또 삶의 중대한 변화로 인한 자연스러운 결과일 수도 있다. 이직이나 이사, 가족이 처한 상황의 변화

같은 것들 말이다.

　정신과 신체와 감정과 영의 연관성은 보통 우리가 생각하는 것보다 훨씬 미묘하고 복잡하다. 만일 당신이 이러한 갖가지 층위 가운데 한 가지에 의존해 행동하고 그것이 다른 요소들에는 영향을 미치지 않을 수 있다고 생각한다면, 재고해 봐야 할 때가 올 것이다. 그 결과는 종종 광야의 시간일 것이다. 그곳은 그리 멀지 않다. 언덕 하나만 넘으면 있다.

　광야는 특히 시험(temptation; 유혹)의 장소다. 그곳이야말로 진정한 선택이 이루어지는 곳이다. 이는 많은 사람과 함께 세례를 받으러 요단강으로 내려가거나 호산나를 외치면서 거룩한 성으로 들어가는 일과는 확연히 다르다.

　당신이 혼자일 때, 무덥고 먼지 자욱한 곳에서 외로울 때, 자신이 어디에 있는지조차 확신하지 못할 때, 그 순간 이런 목소리가 들려온다. "넌 어떤 사람이야? 이 모든 것이 도대체 무슨 의미가 있다는 거야? 돌을 떡으로 바꿔 보지 그래? 정말 하나님이 '이는 내 사랑하는 아들이요 내 기뻐하는 자'라고 말씀하셨어?(마 3:17) 그 모든 게 꿈은 아니었을까? 하나님이 정말 그렇게 말씀하셨다면, 왜 지금 그런 기분이 드는 거지? 다른 사람들처럼 너도 쾌락과 전율을 즐겨 보는 게 어때? 너도 알다시피, 이렇게 금식하고 기도하는 게 당연한 건 아니잖아. 너도 현실 세계에서 살아가야 해. 스스로를 속이는 일은 이제 그만해."

보다 분명한 시험을 처리하고 나면, 이제는 예수님이 겪으신 것처럼 더 크고 미묘한 시험이 우리에게 다가온다. 당신이 영혼을 팔기만 하면 자랑거리와 권력을 얻을 수 있다는 것이다. 하나님의 능력과 사랑을 실험하라는 유혹, 즉 하나님을 시험하고 (test) 그 결과를 지켜보라는 유혹이다.

유혹은 종종 참된 소명을 왜곡한 것이라 식별하기가 어렵다. 하나님은 예수님이 세상에 대한 권위를 가지고 하나님이 주신 능력으로 하나님 나라를 세우도록 의도하셨다. 그 권위는 자신의 배고픔을 해결하거나 서커스 같은 묘기를 부리기 위함이 아니었다. 소명과 유혹을 구별하려면 예수님처럼 우리도 자신의 부르심을 분명하게 인식해야 한다. 그렇다면 누가 이를 분명하게 인식할 수 있을까?

광야에서 정말 무서운 건 그곳에서 들려오는 수많은 소리다. 텔레비전, 라디오 등 전자기기를 끄고, 일상의 잡담과 분주함에서 떨어져 나와 조용히 귀 기울여 듣기 시작할 때(이런 것들이 멋있게 느껴진다면 그래야 할 때가 된 것이다) 무엇이 들리는가? 들리는 소리에 어떻게 반응하는가?

아무런 비판도 없이 그 소리와 흐름을 따라가는가, 아니면 힘들어도 하나님의 음성을 분별하기로 결단하는가? 하나님의 음성을 듣는 법을 배우면서, 그것이 하나님의 위로나 부르심의 소리인지, 혹은 매우 그럴듯하고 합리적이라 위안을 주지만 실제로는 하나님의 부르심을 왜곡해 결국 우리를 하나님의 길에서 벗어나 광야에서 방황하게 하고 우리를 조롱하며 내팽개치는 소리인지 구분하려 애쓰고 있는가?

자, 광야로 나갈 준비를 하라. 당신이 순례 여정에 올랐다면, 조만간 당신이 광야를 발견하든지, 아니면 광야가 당신에게 찾아올 것이다. 지금 광야에 있다면 부디 마음을 편히 하라. 그 또한 순례의 일부이니.

자신과 하나님을 새로이 배우는 공간

이것이 이 장에서 말할 첫 번째이자 어떤 의미에서는 가장 중요한 핵심 내용이다. 두 번째는 이 첫 번째 내용에서 비롯한다. 바로 광야는 순례 길에 어쩌다 운이 나빠서 지나가게 되는 땅이 아니라는 점이다. 광야는 우리가 우리 자신과 하나님에 대해 새로이 배워야 하는 곳이다.

그러므로 우리가 광야에 있을 때 던져야 할 바른 질문은 "왜?" 혹은 "왜 내가?"가 아니다. 이는 답을 찾을 수 없거나 오랜 세월이 흐른 뒤에나 깨달을 수 있는 질문이다. "언제?" 즉 "언제 이 모든 것이 끝나서 정상으로 돌아갈 것인가?"도 바른 질문이 아니다. 그 대신 우리가 던져야 할 올바른 질문은 "무엇을?"이다. "이 상황에서 나는 무엇을 해야 하는가? 무엇을 할 수 있는가?" 또한 우리는 "누구를?"이라는 질문도 던져야 한다. "이 광야에서 나는 누구를 발견해야 하는가? 내가 알아야 할 하나님은 과연 어떤 분이신가?"

대체로 우리 문화는 이러한 질문들을 던지지 못하도록 막고 있는 듯 보인다. 우리가 살아가는 속도, 주변을 둘러싼 소음, 그리고 우리가 저지르는 서로를 숨 막히게 만드는 온갖 일들 때문에, 잠시 멈추어 우리가 누구고 하나님이 누구신지, 앞일이 어떻게 될 것인지에 대해 질문을 던지기란 참으로 어려운 일이 되고 말았다. 때로 광야는 주변의 모든 소음과 혼란스러움을 몰아내는 하나님의 방법이다. 그 광야에서 우리는 너무 늦기 전에 우리 안에 깊숙이 자리 잡은 질문을 마주하게 된다.

바로 이런 이유로, 히브리서는 하나님의 백성이 광야에서 방황하던 일을 길게 설명한 뒤 4장에서 하나님 앞에서는 어떤 존재도 숨을 수 없다고 경고한다. 우리가 관계를 맺어야 하는 분의 눈앞에서는 모든 존재가 벌거벗은 듯 낱낱이 드러난다. 바로 이런 관점에서 히브리서 기자는 우리보다 먼저 광야로 가신 예수님을 가리키면서, 우리가 광야에 있을 때 바로 이 예수님이 곁에서 우리를 위로해 주신다고 말하는 것이다.

물론 광야가 하는 역할은 외부에서 일어나는 일은 물론이고 내면에서 진행되는 일에 우리를 노출시키는 것이다. 그것이 우울이나 유혹이든, 고통이나 박해든 말이다(나는 아직까지 박해에 관해 이야기하지 않았지만, 우리는 도처에서 생명의 위협을 받고 매질과 고문, 강간과 종살이와 죽음의 위험을 감수하며 그리스도 안에서 하나님을 예배하는 수십만의 형제자매를 기억해야만 한다. 그들의 광야는 우리의 광야보다 더 황량하고 더 실제적이다).

지리적 광야가 그토록 우리의 주목을 끌고 주의를 환기시키는 까닭은 바로 그 때문이다. 우리 주변의 광야는 (만일 우리가 허락한다면) 우리 눈을 열어 내면의 광야를 보게 한다. 만일 그렇지 않았더라면, 우리는 우리에게 다가오는 광야를 거치지 않은 채 요단강에서 예루살렘까지 갈 수도 있었을 것이다.

외부의 광야에 상응하는 '우리' 내면의 무언가가 있다. 약간의 혼란, 오랫동안 관개 수로가 필요했던 메마른 황무지, 바람이 불어 눈에 먼지가 들어가고, 어쩌면 길을 잃은 건지도 모른다는 느낌이 들지만 너무 지쳐 원인을 알아보기 힘든 지점. 광야에서의 시간은 내면의 광야에 정직해져야 하는 시간이다. 무시하려고 애써 온 그 혼돈을 바라보고, 메마른 땅에 댈 물을 찾고, 눈에 가득한 먼지를 씻어 내며, 다시 한 번 눈앞에 놓인 길을 선명하게 보아야 하는 때다.

언젠가는 모두 정리해야 한다는 걸 알면서도 어떻게 처리할지 몰라 물건들을 골방에 쌓아 둔 채 지내는 사람이 많은 것처럼, 대부분의 사람은 자기 내면 세계에 자물쇠를 채운 벽장 하나쯤은 가지고 있다. 거기에는 없앨 수도, 당장 정리할 수도 없는 쓰레기들이 잔뜩 늘어져 있다. 문제는, 우리 모두가 잘 아는 대로, 이를 정리하지 않으면 시간이 흐를수록 넘치는 물건으로 조만간 벽장 문이 터져 버리고 만다는 것이다. 하나님이 우리를 광야로 데려가시는 이유 중 하나는 우리가 더욱 통합되어 우리의 전 존재가 더욱 조화로워지기를 간절히 바라서다. 이는 흔히 먼지만 날리는 참으로 지루한 작업이다. 그래서 우리는 온 마음으로 광야의 경험을 가능한 한 피하고 싶어 한다.

세상의 고통에 귀가 열리다

마찬가지로 중요한 또 한 가지는, 광야의 경험은 종종 우리 귀를 열어 세상의 고통을 듣게 한다는 사실이다. 우리가 자신이 누리는 몫에 매우 만족하면서 살고 있다면 다른 세상에서 들려오는, 도움을 요청하는 울부짖음을 무시하기 쉽다.

오늘날에도 여전히 계획적이고 조직적인 박해에 시달리는 동료 그리스도인들, 고아와 난민과 과부들, 우리 사회 내부, 특히 도시 빈민 지역에 집 없이 소외된 사람들, 비록 아무도 알아차리지 못할지라도 자꾸만 내면으로 움츠러들게 만드는 고통의 짐을 짊어진 채 하루하루 살아가는 사람들의 도움을 구하는 신음소리와 절규를 무시해 버리기가 쉽다.

광야의 소리들을 듣는 법을 배우게 되면서 우리는 우리 마음

속에 끓어오르는 고통을 포함해 세상의 고통에 귀 기울이는 법도 배운다. 하나님은 주머니에 손을 찔러 넣은 채 아무 생각 없이 이따금 시편을 읊조리면서 예루살렘에 도달하는 쾌활하고 얄팍하고 안이한 순례 여행을 원치 않으신다. 하나님은 순례자들이 세상의 고통을 품고 그분의 임재 가운데 나아오기를, 그리하여 황무지의 눈물이 그분의 성전, 그 은혜의 보좌 앞에 드려지기를 원하신다.

우리가 이러한 차원의 광야를 경험한다면, 그러지 않았더라면 결코 알 수 없었을 진실을 발견할 것이다. 바로 참되고 살아 계시며 유일하신 하나님은 광야의 하나님이라는 사실이다. 실제로 이 사실은 예수님이 시험당하신 이야기의 핵심 중 하나다. 하나님의 사랑하는 아들은 광야에서 40일을 보내셨고, 우리처럼 유혹을 받으셨지만 그 어떤 죄도 없으셨다. 그러므로 그분만이 우리의 연약함을 체휼하실 수 있는 대제사장이시다. 그분은 순례의 길을 우리 앞서 가셨다.

우리는 그 이야기 속에 숨겨진 진실을 발견한다(이스라엘 자손도 엘리야도 발견했다). 바로 살아 계신 하나님이 광야에 숨어 계시면서 우리가 그분을 새롭게 발견하기를, 그리고 새로운 방식으로 우리를 만나시기를 기다리신다는 것이다. 이 새로운 방식은 '십자가'라는 표지로 확실하게 드러났으며, 또한 이는 오직 광야라는 침묵과 먼지의 공간에서만 가능한 새로운 친밀감, 새로운 깊이의 방식이다. 그래서 사막의 교부들이 사막으로 간 것이다. 도시의 사악한 방식에서 도피하기 위함이 아니라(그들은 아무도, 심지어 성인이라 할지라도 사막에 가는 것만으로 악에서 자유로워지지 않는다는 걸익히 알았다), 사막에서는 하나님을 새로운 방식으로 만날 수 있음을 알았기에 그들은 기꺼이 사막의 교부가 되었다.

그것이 결국 성경의 메시지다. 자신의 신부 이스라엘의 부정함을 대면하셨을 때, 하나님은 이스라엘을 돌아오게 하기로 계획하셨다. 어디에서 이 일을 하실 것인가? 처음 그 언약이 맺어졌던 곳, 바로 광야에서다. 하나님은 자신과 이스라엘이 사랑에 빠졌던 그곳 광야로 이스라엘을 다시금 데려가신다. "내가 그를 타일러 거친 들로 데리고 가서 말로 위로하고"(호 2:14).

몇몇 시편이 광야에서 시작해 찬양의 외침으로 끝맺는 이유가 바로 이 때문이다. "내가 간절히 주를 찾되 물이 없어 마르고 황폐한 땅에서 내 영혼이 주를 갈망하며 내 육체가 주를 앙모하나이다"라는 외침 뒤에 "골수와 기름진 것을 먹음과 같이 나의 영혼이 만족할 것이라 나의 입이 기쁜 입술로 주를 찬송"한다는 고백이 뒤따른다(시 63:1, 5).

광야에서 순례의 길을 신실하게 따르는 사람들은 조만간(때로 훨씬 나중이 될 수도 있지만) 그들이 이전에 실제로 알지 못했던 하나님이 줄곧 거기에 계셨다는 것, 그리고 그들 자신의 마음속 깊은 곳을 들여다보면서 하나님의 마음의 깊이를 발견하게 되었다는 걸 알게 될 것이다.

그제야 비로소 우리는 광야의 힘겨운 경험이 잊히리라는 약속의 말씀에 감히 귀를 기울이게 된다. 자신을 열어 하나님이 부르시는 그 광야의 길을 걸어갈 때(겸손과 인내와 순종하는 소망을 품고 이를 받아들일 때) 우리는 거의 잊고 있던 그 말씀을 다시 듣게 된다. 십자가를 통해 드러난 부활을 이야기하는 말씀. 여전히 까마득히 먼 일임이 분명하지만, 그러나 여전히 신실한 하나님의 약속이다.

광야와 메마른 땅이 기뻐하며 사막이 백합화같이 피어 즐거워하며 …… 그것들이 여호와의 영광 곧 우리 하나님의 아름다움을 보리로다 …… 그 때에 맹인의 눈이 밝을 것이며 못 듣는 사람의 귀가 열릴 것이며 그 때에 저는 자는 사슴같이 뛸 것이며 말 못하는 자의 혀는 노래하리니 이는 광야에서 물이 솟겠고 사막에서 시내가 흐를 것임이라 …… 여호와의 속량함을 받은 자들이 돌아오되 노래하며 시온에 이르러 …… 기쁨과 즐거움을 얻으리니 슬픔과 탄식이 사라지리로다.

✻ 이사야 35장 1-2, 5, 10절

4. 갈릴리로 가는 길

세상. 말과 행함으로 왕의 나라를 선포하는 공간

오, 갈릴리에서 누리는 안식일이여

오, 언덕 위의 고요함이여

당신과 함께 나누려고 예수님이 앉으신 곳

사랑으로 해석된

영원의 침묵.[5]

내가 좋아하는 찬송가 중에서도 손꼽을 만큼 좋아하는 노래이고, 그중에서도 가장 좋아하는 구절이다. 아마 앞으로도 그럴 것이다. 그리고 당신이 오늘날 갈릴리로 순례 여행을 간다면 이 구절의 의미가 좀 더 선명해지리라.

날씨가 나쁘지 않다면 아마도 갈릴리는 평온함과 잔잔함을 물씬 풍길 것이다. 갈릴리 바다에 담긴 물이 한없이 부드럽게 찰싹이며 밀려오고, 언덕은 영국의 레이크 디스트릭트를 좀 더 부드럽게 다듬어 놓은 듯 솟아 있다. 갈대숲을 스치며 살랑거리는 바람, 온통 평화로움이 펼쳐진 주변 농촌 풍경……. 이 모든 것이 예수님이 갈릴리에서 사역하시는 내내 자신의 고향에 깃든 하나

님의 평화를 누리셨고, 다른 이들에게도 이를 나누어 주고자 하셨다는 메시지를 분명히 드러내는 듯하다.

그러나 사복음서를 다시 읽을 때 우리는 그리 단순하지도, 잔잔하지도 않은 사건들을 발견한다. 예수님의 갈릴리 사역을 중심으로 하는 마태복음 12장을 살펴보자. 자칭 이스라엘 전통의 수호자들은, 예수님이 던지신 의제와 그분의 활동이 너무 두려운 나머지 예수님을 마귀와 한편이라고 선언한다. 그리고 예수님은, 갈릴리의 일상을 깨고 들어온 하나님 나라가 낭만적인 풍광 속으로 묵상을 위한 여행을 떠나라는 초대가 아니라, 강한 자의 집을 강탈하는 일에 가담하라는 소집 명령이며, 그 강한 자는 이제 결박되었다고 엄중하게 선언하신다(막 3:22-27).

물론 예수님이 갈릴리 지방의 아름다움을 섬세하게 인식하셨다는 증거는 많다. 들에 핀 백합, 공중에 나는 새, 떨어지는 한 마리 참새는 물론이고 씨 뿌리는 때와 추수 때마다 여지없이 내리는 적절한 비와 햇빛은 전부 온 세상에 깃든 창조주 하나님의 관심임을 실감 나게 말씀하셨다.

예수님은 자신이 성장한 갈릴리 땅이 매우 비옥하고, (지금도 그렇지만) 온갖 종류의 식물이 자라게끔 해 주는 독특한 기후 조건을 갖춘, 물이 잘 공급되고 수확이 풍성한 곳임을 잘 아셨다. 그분이 30배, 60배, 100배의 결실을 맺는 곡식에 대해 말씀하실 때 그건 그저 단순한 희망 사항이 아니었다. 예수님은 그분보다 앞선 시대에 그 땅에 살았던 위대한 히브리 선지자들처럼, 자연 세계 속에서 예시와 비유를 볼 수 있는 준비된 눈을 가지고 계셨음이 분명하다. 예수님의 고향 갈릴리는 창조주 하나님의 선하심을 여러 측면에서 영광스럽게 상기시켜 주는 곳이었고, 우리가 순례 여행 도중 그곳을 방문할 때도 이 점은 다르지 않다.

그러나 예수님 시대의 갈릴리는 사실상 평온함과는 거리가 멀었다. 예수님을 포함해서 당시 대부분의 사람은, 18세기 레이크 디스트릭트의 시인(윌리엄 워즈워드를 의미하는 듯하다. 영국 레이크 디스트릭트에 1770년에 태어난 낭만주의 시인 워즈워드의 생가가 있다-옮긴이)처럼 낮은 구릉지대를 꿈꾸듯 거닐 만한 충분한 시간도 에너지도 없었다.

예수님 시대에 이르기까지 이미 300년간 갈릴리는 '이방인들의 갈릴리'였으며, 그 북쪽과 동쪽은 이방 도시들이 에워싸고 있었는데, 시간이 흐르면서 이방 문화의 촉수가 갈릴리 중심부에까지 깊이 뻗어 있었다. 남쪽에 위치한 사마리아는 오늘날 우리가 웨스트 뱅크(요단강 서안 지구)라고 부르는 지역을 상당 부분 포함하는 곳으로, '유대와 예루살렘에 거주하는 유대인'과 '갈릴리 유대인'을 분리하고 있었다.

오늘날처럼 당시에도 한편으로는 유대에 거주하는 사람과 갈릴리 사람 사이, 다른 한편으로는 그들과 사마리아 사람 사이에 깊은 불신과 증오가 있었다. 갈릴리는 유대인들의 영토로 남아 있었지만, 외래 사상을 막을 만한 눈에 보이지 않는 보호막이 없었다. 예수님의 고향 갈릴리 곳곳에는 이방 도시에서 발견할 수 있는 극장이며 신전과 우상이 허다했다. 갈릴리는 매우 비옥한 땅인데다가 무역 요충지에 자리 잡고 있었기에, 그곳의 지배권을 잡은 사람은 누구든지 횡재였다. 예수님 시대에 헤롯 가문이 그랬다.

헤롯대왕은 아기 예수가 태어나기 약 40년쯤 전에 로마로부터 유대의 왕이라는 칭호를 받았다. 헤롯은 왕실 혈통이 아니었다. 그저 당시 그 일대에서 가장 유능한 악한이었을 뿐이다. 헤롯의 지배는 유혈이 낭자했지만 효과적이었다. 그는 저항을 만나면 (종종 그런 일이 있었는데) 군대를 투입해 손쉽게 해결했다. 헤롯은 누군가 자신의 왕위를 위협한다는 의심이 들면, 특히 그 위협이 자신의 가족 내부에서 생겨났을 경우에는 점차 심해지는 편집중으로 이를 가차 없이 처단했다.

비옥한 갈릴리에서 생산된 부(富)는, 대개는 그곳 노동자들의 가정과 호주머니에 공정한 방식으로 분배되지 않았다. 갈릴리의 부는, 호화로운 저택과 요새를 가지고 점점 더 사치스러운 생활을 하는 헤롯과 그의 궁정을 떠받쳤다. 헤롯대왕이 죽자마자 (아기 예수가 태어난 즈음) 그의 나라는 세 아들에 의해 갈라졌다. 갈릴리는 그중 헤롯 안티파스의 수중에 떨어졌는데, 그가 바로 우리가 복음서에서 만나는 헤롯, 예수님의 사촌인 세례 요한에게서 도전을 받았던 혜롯, 의붓딸의 요구에 따라 결국 세례 요한을 죽인 바로 그 혜롯이다.

유감스럽게도 예수님이 사셨던 곳은 한 폭의 수채화 그림처럼 낭만적인 무대가 아니라, 바로 이러한 갈릴리였다. 갈릴리 바다 너머의 구릉지대 또한 그리 조용하지 않았다. 그곳은 거룩한 (종교적 열정을 지닌-옮긴이) 강도들이 혁명을 바라면서, 즉 하나님 나라가 도래하여 이 세상의 혜롯들과 또한 로마의 황제들까지 모두 쓸어버리기를 갈망하면서 숨어 지내는 곳이었다.

따라서 예수님 사역에서 갈릴리는 중요한 의미가 있지만, 그 일차적 이유는 그곳이 고요한 영성을 개발하기에 적합한 지역이라서가 아니다(그것은 오늘날 갈릴리가 우리에게 끼치는 영향력일 수도 있고 아닐 수도 있다). 갈릴리는 왕국의 자리다. 그곳에서 예수님은 하나님 나라를 전하기 시작하셨다.

누락된 반쪽짜리 신앙고백

많은 그리스도인이 상상 속에서 갈릴리에 대해 그토록 확고하게 낭만적 시각을 견지하는 이유 가운데 하나는, 예수님의 공생애가 무엇을 의미하는지 기독교 전통이 실제로 알지 못해서다. 교회의 위대한 신앙고백(신경)들은 보통 예수님의 탄생에서 곧장 그분의 죽음으로 넘어가 버리며, 이는 마치 그 사이에 일어난 모든 일은 덜 중요하다는 듯한 암시를 주었다.

오래된 성공회 기도서에 실린 기도문은 예수님의 생애에서 중요한 사건이라 여겨지는 것들을 떠올리게 하지만, 이전에 비해 내용이 약간 보충되었을 뿐 대단히 진전된 것은 아니다.

처음에 우리는 "주님의 오묘하신 성육신과, 거룩하신 탄생과, 율법에 순종하심과, 세례받으심과, 금식하심과, 시험받으심을 인하여"라고 말한다. 그러고 나서 우리는 곧바로 "주님의 고뇌와 피땀 흘리심과, 십자가의 고통과 고귀한 죽음과 묻히심과, 영광스런 부활과 승천과 성령의 강림하심을 인하여"라고 말한다. 이것은 우리가 지금까지 신경에서 묘사해 온 내용에 예수님의 시험받으심과 겟세마네를 추가하기는 했지만, 여전히 그 사이에 커다란 공백을 남겨 놓는다.

전통적인 기독교 교회력을 보면 이와 매우 비슷한 인상을 받는다. 성탄절, 주현절, 사순절 등이 교회력에 있다. 사순절은, 지금까지 발전되어, 광야에서의 40일과 수난 시기를 함께 그리고 있다. 이러한 구조 가운데 어떤 것도 복음서 기자들이 구구절절 우리에게 말하는 내용을 공정하게 다루지 않는다. 바로 예수님이 하나님 나라를 선포하며 갈릴리에 오셨다는 사실 말이다.

그 이야기를 말하는 전통적인 방식은 내러티브의 중간 부분을 진공상태로, 하나의 공백으로 남겨 두는 것이다. 여러 세대가 각기 다른 방식으로 그 공백을 채워 왔는데, 특히 빅토리아 시대 사람들은 갈릴리에서의 예수님의 모습을 감상적으로 그림으로 써, 그 시기에 부드러운 예수님이 온화하고 유순하게, 향기롭고 빛나는 갈릴리 고요한 언덕 위에서 안식일의 쉼을 누리셨을 거라는 암시를 주었다.

그러므로 이제 사고의 패턴뿐만 아니라 영성에서도 예수님의 갈릴리 사역이 진정 무엇이었는지 인식을 회복할 때가 되었다. 최근 발행된 다양하고 새로운 기도문은 필요한 구절들을 아주 적절하게 덧붙이면서, 예수님의 광야 시험과 수난 사이에 놓인 간극을 보충한다. "말씀과 역사를 통한 주님의 사역을 인하여, 주님의 강하신 능력의 행위를 인하여, 그리고 하나님 나라를 선포하심을 인하여." 우리는 지금 순례 여행의 다음 단계로서 '예수님의 말씀과 행하심을 통해 세상 속으로 침투하시는' 하나님의 능력에 기초한 갈릴리 사람들의 영성에 초점을 맞추어야 한다.

예수님의 하나님 나라 선포는 일반적으로 나라, 특별히 하나님 나라가 어떤 것인지에 대해 서로 경쟁하는 관점들 한복판으로 불쑥 끼어든다. 본질적으로 사치스러웠고 폭정을 일삼았던 헤롯의 왕국은 정통 유대인 백성들로부터 통렬한 분개를 샀지만, 무엇보다 유대인들이 더욱 분개했던 구체적인 이유는 헤롯이 여러 측면에서 이교주의와 타협해서다.

고고학에 따르면, 갈릴리의 유대인들은 대부분 경건하고 정통 신앙을 유지하고 있었는데, 헤롯의 통치와 그 기반인 로마의 지배 때문에 날로 좌절했다. 그들은 왕으로 오실 하나님을 갈망했고, 이 목적을 이루기 위해 폭력을 포함해 쓸 수 있는 모든 수단을 쓸 준비가 되어 있었다. 그들은 자신들의 왕국 의제가 있었고 그들 나름의 왕국 운동이 있었다. 그리고 그것이 하나님의 명령이라 믿었다.

혁명의 기운이 완연했음은 비단 갈릴리만이 아니었으며, 갈릴리 바다 너머도 그 일로 어지러웠다. 갈릴리의 안식일은 여유롭게 영적인 생각에 잠길 수 있었던 빅토리아 시대의 유쾌한 일요일이 아니었다. 안식일은 몹시 열정적으로 지켜진 문화적 상징으로, "안식일을 지키는 우리는 하나님의 참된 백성이고, 안식일을 범하는 자들은 적과 타협하고 있다"고 외치는 상징이었다.

복음서 몇몇 본문에서 예수님에 대한 바리새인들의 적개심이 대단하다는 걸 볼 수 있는데, 이는 그분의 대안적인 왕국 의제 때문이라고 설명할 수 있다. 예수님이 말 못하는 장애를 가진 사람과 앞 못 보는 사람과 귀신들린 사람을 고쳐 주신 게 무슨 문제가 있는가? 그 자체로는 아무 문제가 없다.

그러나 예수님은 갈릴리에서 유의미한 명성을 얻으셨다. 바로 예수님이 모든 가치의 전복을 행하신다는 명성이었다. 안식일에 치유를 행하고, 관습에 도전하며, 다른 종류의 왕국 운동을 시작하신다는 것. 예수님이 드신 비유들은 하나같이 하나님 나라에 대한 기존 견해와 새로운 견해를 대립시켰다. 하나님의 능력과 사랑은 혁명적인 폭력이 아니라 십자가의 방법으로 통치를 시작할 거라는 비유였다.

예수님은 사회를 전복시키는 위험인물로 인식되었다. 그리고 그러한 사람이 능력 있는 치유를 행할 때, 이를 지켜보는 사람들은 선택해야만 하는 상황에 놓인다. 이것이 예수님의 왕국 의제 전체의 정당성을 확인해 주는 하나님의 역사인지, 아니면 다른 것인지 설명해야만 했다. 만일 그것이 하나님에게서 오지 않았다면, 그러한 활동은 사탄의 역사일 수밖에 없었다.

이 비난은 예수님에게서 그분의 사역에 대한 핵심적인 선언을 이끌어 낸다. 예수님은 어두움의 왕자가 보낸 밀사가 아니시다. 반대로 예수님이 하나님의 성령으로 귀신을 내쫓았다는 사실은 사탄의 왕국이 그 중심에서부터 흔들리고 있음을 보여 준다.

자신의 통치를 수립하시는 하나님의 방법은 예수님의 사역을 통해 실행에 옮겨지고 있다. 예수님은 광야에서의 전쟁, 곧 가장 오래된 숙적과의 전투에서 이기셨고, 이제 갈릴리에 오셔서 그 승리가 실제 효력을 발휘하도록 만드신다. 강한 자를 먼저 결박하지 않고서 어떻게 강한 자의 집을 강탈할 수 있겠는가? 그렇게 하고 나서야 실제로 강한 자의 집을 강탈할 수 있을 것이다(막 3:27). 그러므로 예수님이 귀신을 내쫓으신 사실은 예수님이 최초의 승리를 거두셨고, 사탄의 왕국이 실제로 심각한 위기에 놓여 있다는 증거다.

이 주장은 예수님을 지켜보던 사람들 사이에 피할 수 없는 분열을 일으킨다. "나와 함께 아니하는 자는 나를 반대하는 자요 나와 함께 모으지 아니하는 자는 헤치는 자니라"(마 12:30). 하나님이 하시는 일을 지켜보면서 그것이 마귀의 역사라고 선언한다면, 자신을 출구가 없는 구석으로 몰아넣는 것이다. 이는 한 가닥 희망을 거부하는 것이고, 안전하게 붙잡을 수 있는 마지막 가지를 꺾어 버리는 것이다.

이 갈릴리 사람의 왕국 메시지는 조용한 삶, 소극적이거나 낭만적인 영성을 유지하기 위한 처방이 아니다. 그 메시지는 사탄의 굴레에 사로잡힌 이들을 자유롭게 해 주는 왕의 능력을 일깨우는 '하나님 나라 영성'으로의 초대다. 예수님은 헤롯과 그의 나라에 대해, 또한 로마 황제와 그의 나라에 대해 하실 말씀이 있었다.

실제로 하나님 나라에 맞서는 나라는 사탄의 나라다. 헤롯과 로마 황제는 탐욕스럽고 잔혹한 통치를 통해 사탄의 대리자로 행동하고 있음이 분명하다. 그러나 로마 황제와 헤롯에게 반대하는 사람들이 폭력 혁명이라는 이교적이고 사탄적인 수단을 사용할 때 사탄은 매우 만족할 것이다. "인간의 교만과 세상의 영광, 검과 왕관이 그분의 신뢰를 저버리네"라는 찬송가 가사가 있다. 예수님은 검과 왕관이 아니라 하나님의 권세와 승리를 가지고 오신다.

하나님 나라 군사로서 깃발을 꽂으라

이제 당신의 영성이 '베들레헴에서 곧장 골고다 언덕으로 건너뛰거나 광야에서 겟세마네로 건너뛰는 예수님 이야기'에 기초할 때 놓치는 게 무엇인지 알겠는가? 일단 당신이 세례와 회심으로써 순례 여정에 동참했다면, 앞 장에서 생각해 보았던 것처럼 이따금 광야에 머무는 것뿐만 아니라, 하나님 나라를 위한 갈릴리 전투에도 헌신해야 한다.

예수님이 행함과 말씀으로 하셨던 것처럼, 당신도 행함과 말로 "다른 왕이 있다. 로마 황제와 헤롯과는 다른 방식으로 세상을 조직하는 방법이 있다. 검과 왕관의 나라가 아니라 또 다른 나라가 있다"라고 선포하는 일에 헌신해야 한다. 당신은 치유하는 일과 자유롭게 하는 일에 실질적으로도 상징적으로도 헌신해야 한다. 당신은 노예를 해방하고, 빚의 굴레를 벗겨 주며, 가난한 자에게 좋은 소식을 전하는 일에 헌신해야 한다.

자기 방식과 에너지와 거창한 사회적 행동으로 이런 일들을 하는 게 아니라, 하나님 나라의 능력과 무기를 가지고 헌신해야 한다. 곧 기도와 금식으로, 진리와 공의로, 평화의 복음으로, 믿음으로, 구원으로, 하나님의 말씀으로 하는 일이다.

실제로 이는 바울이 에베소서 6장에서 하나님 나라의 군사를 그리면서 묘사한 무기들이다. 그리고 당신의 순례 여행은 모든 차원에서 하나님 나라의 일을 포함해야만 한다. 투표와 결혼에서, 정치 활동과 사무실에서, 소비와 사회생활에서는 물론, 예배와 그리스도인의 교제 가운데서 말이다. 갈릴리 사람 예수님 안에서 살아 계신 하나님이 그분의 나라를 위한 전쟁에서 싸우고 승리하신 것이 진실이라면(만일 그것이 진실이 아니라면, 우리가 예수님과 그분의 생애에 대해 생각하는 것조차 시간을 허비하는 일일 뿐이다) 예수님의 순례의 길을 따르는 사람들의 과업은 현재 우리와 경쟁 중인 다른 세력이 점령하는 영토에 하나님 나라의 깃발을 꽂는 일이 될 수밖에 없다.

자, 그럼 이 과업을 어디서부터 시작할 것인가? 최소한 세 가지 대답이 가능한데, 하나에서 다른 하나로 계속 나아간다면, 어디서 출발해도 문제 될 게 없다.

어떤 이들은 좀 더 넓은 세상에서 불의와 억압에 도전함으로써 하나님 나라 과업을 시작해야 할 강렬한 필요를 발견한다. 이는 그리스도인의 임무에서 불가결하고 타협할 수 없는 측면이다. 물론 그 일을 어떻게 실행해야 하는지는 논쟁의 여지가 있고 통찰이 필요한 문제다. 그러나 우리가 그 일을 해야만 한다는 사실은 합의된 부분이다. 이는 영역, 이를테면 갈릴리 지역 같은 세력권과 관련이 있다. 출발점으로 나쁘지 않다.

또 다른 이들은 그리스도인으로서 품은 주된 열망이 미술, 음악, 학문을 통해 아름다움을 창조하고 진리를 탐구하는 일로 연결된다. 그리하여 하나님의 아름다움과 진리가 세상의 추함과 비(非)진리 가운데 빛나게끔 하는 것이다. 이 역시 하나님이 부여하신 왕국의 임무 가운데 빼놓을 수 없는 부분이다. 이 또한 영역, 세력권과 관련이 있다. 이는 엄연히 전투의 한 부분이다. 진리를 말하고 마귀를 부끄럽게 하라.

또 다른 이들은 그리스도인으로서 자신의 일차 소명이 마음과 일상생활에서 경쟁 세력들에게 도전하는 것이라고 본다. 그들은 복음의 메시지를 들을 때, 자신이 얼마나 턱없이 부족한지, 하나님의 일을 얼마나 보지 못하는지, 그분의 말씀을 전하는 데 얼마나 입이 둔한지 깨닫는다. 그리고 그들은 자신이 거룩한 삶, 자기 안에 있는 죄와의 싸움으로 부르심을 받았음을 발견한다. 일상적인 말과 행동 가운데 하나님 나라의 깃발을 꽂아야 한다. 나는 이것 역시 영역의 문제라고 생각한다. 출발점으로 나쁘지 않다.

사람들은 흔히 사순절을 이러한 방향에서 특별한 묵상과 새로운 노력을 기울이기 위한 기간으로 사용한다. 우리는 오랜 찬송가 가사를 다시 부를 수도 있다. "우리를 올바른 정신으로 다시 입히시사, 더 정결한 삶 속에서 주님의 수고를 발견하며, 더 깊이 경외함으로 찬양하게 하소서."

그러나 어디서 출발하든 다른 영역으로 나아가야 한다. 어느 지점이든 거룩함의 궤도 안으로 진입하여 계속해서 그 궤도를 돌아야 한다. 사회 참여에 열심인 것을 마땅히 싸워야 할 개인적 전투에는 직면하지 않는 것에 대한 핑계로 삼아서는 안 된다. 자신의 창조성에 너무 심취한 나머지 정의와 거룩함으로의 부르심을 간과해서는 안 된다. 마찬가지로, 개인적인 거룩에 지나치게 초점을 맞추어서 정의와 진리에 대한 하나님의 열정, 고아와 과부와 억압받는 자들을 향한 그분의 긍휼을 잊어서는 안 된다.

예수님의 열정과 긍휼은 그분의 인격 안에서 하나가 되었고, 갈릴리의 비옥한 토양에서 봉오리를 맺어 꽃이 만발하고 열매를 맺었으며, 왕위에 오르시기 위해 예루살렘으로 가셨다. 이것이 하나님 나라 영성이며, 또 갈릴리의 영성이라고 말해도 좋을 것이다.

사도 요한은 "하나님의 아들이 나타나신 것은 마귀의 일을 멸하려 하심이라"고 말한다(요일 3:8). 그분의 승리를 기뻐하는 우리는 순례 여정 가운데서 이를 실천하라는 요구를 받는다.

> 인간의 교만과 세상의 영광,
> 검과 왕관이 그의 신뢰를 저버리네.
> 인간이 세심하게 수고하여 세운 것,
> 망루와 성전이 무너져 티끌이 되네.
> 그러나 하나님의 능력은, 매 순간순간
> 나의 성전, 나의 망루라네.[6]

5. 예루살렘으로 가는 길

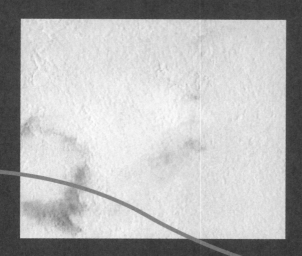

항복。 '내 야심으로 빚은' 가짜 구주를 버리는 작업

예루살렘으로 가는 길은 대단한 기대들로 포장되어 있다.

무엇보다도 예루살렘은 위대한 왕의 도시요, 온 땅의 기쁨이며, 젖과 꿀이 흐르는 황금의 땅이다. 살아 계신 하나님이 그분의 이름을 두시기로 선택하신 곳. "그의 장막은 살렘에 있음이여 그의 처소는 시온에 있도다"(시 76:2). 다윗이 자신의 집을 세우고 하나님의 집을 세울 계획을 세운 도시. 다니엘이 바벨론에서 생명의 위험을 받는 처지에 있을 때도 창문을 열고 얼굴을 향하여 기도했던 도시. 아브라함은 약속의 땅으로 가는 첫 번째 여정에서 바로 이곳 예루살렘을 통과했다.

예루살렘은 꿈의 도시, 거룩한 도시, 순례 여행의 최종 종착지다. 그곳은 과연 넋을 잃고 바라볼 만큼 아름다웠다. 유대산맥 위 고지대에 자리한 이 도시에는 가파른 언덕들과 협곡이 있었다. 멋진 건물들과 함께 절경이 펼쳐졌다. 꼭 벌집 모양처럼 사방팔방 좁다란 길들이 연결되어 있었는데, 아름다운 성 안마당에는 햇살이 내리쬐고 있었고, 갖가지 향신료와 올리브, 갓 구운 빵과 달콤한 포도주 향기로 가득했으며, 다양한 언어로 기도하는 사람

들의 소리와 수탉들의 울음소리가 활기차게 들려왔다.

그러나 다른 한편으로 예루살렘은 엄청난 고통의 장소이기도 하다. 약 3,000년 전 다윗은 여부스 사람들에게서 예루살렘을 빼앗았다. 최근 이스라엘은 이를 기념하여, 예루살렘 3,000년을 자축하는 정치선전을 떠들썩하게 했다. 그 이후로 예루살렘은 포위되고, 파괴되고, 재건되고, 다시 파괴되고, 재건되고, 포위되고, 싸우고 또 싸웠다.

내가 이 책의 출간을 준비하던 1998년 6월, 그 도시와 주변의 위기를 고조시키고 분쟁을 일으키는 또 다른 정치적 움직임이 있다는 소식이 들려왔다. 오늘날에도 예루살렘은 팽팽한 긴장감이 감도는 도시다. 테디 콜렉(Teddy Kollek) 전 예루살렘 시장 재임 시절에는 언제 깨질지 모르는 불안한 안정 가운데서나마 이스라엘과 팔레스타인인들이 공존할 수 있었다. 그러나 새로운 정권이 들어선 뒤, 이스라엘 강경파는 그 땅을 전부 차지할 의도로 2,000년 동안이나 그곳에서 살아온 팔레스타인 거주민들을 그들의 고향에서 끊임없이 쫓아내고 있다. 아마도 그들 역시 아브라함의 자손이라는 사실을 잊은 듯하다.

1989년에 내가 석 달 동안 머물렀던 세인트조지스앵글리칸성당(St. George's Anglican Cathedral)에서 2분만 걸으면 팔레스타인령 동예루살렘 거리에 이르게 되는데, 나는 그곳에서 50년간 이어진 점령과 억압으로 인한 긴장과 분노를 여실히 느낄 수 있었다. 다른 길로 7분 정도 걸으면 정통파 유대인 거리인 메아 셰아림(Mea Shearim)에 다다르는데, 그곳은 아돌프 히틀러(Adolf Hitler)에 대한 기억과 메시아에 대한 갈망이 지배하고 있다.

세상의 기쁨과 세상의 고통, 이 둘이 나란히 그리고 어느 정도는 혼재되어 있다. 예수님은 "우리가 예루살렘으로 올라가노니 …… 인자가 …… 능욕을 당하고 …… 그들은 …… 그를 죽일 것"이라고 말씀하셨다(눅 18:31-33). 그들이 듣고 싶었던 메시지와 듣고 싶지 않던 메시지. 그 둘이 함께 주어졌다. 엄청난 기대는 엄청난 고난을 포함하고 있었다, 그 고난을 숨긴 채로.

유대인의 역사와 성경을 보면, 특별히 예루살렘으로 올라가는 데는 두 가지 이유가 있다. 하나는, 왕을 세우기 위해 또는 왕에게 신하의 예를 다하기 위해 그곳에 갔다. 그리고 다른 하나는, 하나님을 만나기 위해, 희생제사를 드리고 그분의 사랑과 구원과 언약을 기념하기 위해 그곳에 갔다.

물론 둘 다 결코 쉬운 일이 아니었다. 모든 왕에게는 적대자들이 있다. 흔히 왕 가까이 있다는 건 위험하다는 걸 의미했다. 그리고 하나님의 임재 가운데로 들어가는 길은 여전히 어둡고 신비로우며, 제사장들에게 도움을 받거나 방해를 받았고, 선지자들로 말미암아 빛이 비치기도 하고 때로는 흐릿해지기도 했다. 기나긴 유대 역사 가운데 고대와 현대에 하나님은 적어도 일시적으로 시온을 포기하셨고, 그리하여 남은 것은 강렬한 기억뿐이라는 소문이 있었다. 이는 마치 누군가가 잠을 자고 떠난 자리에 온기만 남은 채 아무도 없는 것과 같았다.

왕을 세우는 것과 하나님을 만나는 것. 예루살렘은 본래 왕의 보좌다. 그리고 본래 예배의 공간이다. 예수님은 갈릴리 북부에 계시면서, 자기를 따르는 자들에게 여러 모호한 표현으로 이중의 순례에 동참하라고 초대하고 계셨다. 그리고 이 초대를 위해 그들을 가이사랴 빌립보로 데려가신다(마 16:13-20).

알렉산더대왕이 그가 점령한 광범위한 지역에 알렉산드리아라는 지명을 남겨 놓은 것과 마찬가지로, 로마제국 곳곳에도 가이사랴라는 이름의 도시가 많다. 가이사랴 빌립보는 요단강의 발원지인 헤르몬산 기슭, 성지의 최북단에 자리 잡고 있다. 그곳은 갈릴리 바다에서 북쪽으로 대략 32킬로미터, 수리아의 다메섹에서 남서쪽으로 고작 64킬로미터가량 떨어져 있다. 거기서 남쪽을 바라보면, 그 땅 전체가 눈앞에 펼쳐지고, 남쪽으로 거의 160킬로미터 지점에 있는 위대한 도시, 예루살렘을 마음속에 그려 볼 수 있다.

예수님 시대의 많은 갈릴리 사람들에게 예루살렘은 희망과 절망의 공간 둘 다를 의미했다. 그곳은 여전히 순례와 기도의 장소, 언젠가 하나님이 영광과 승리로 돌아오실 곳이었다. 그러나 당시 그곳은 혐오스러운 유사 귀족이자 로마 총독의 꼭두각시인 대제사장들이 사리사욕을 취하고, 자신들의 정치적 특권을 뒷받

침하고 완충하는 데에 종교적 지위를 악용하면서 사악한 정권을 휘두르는 곳이었다.

처참하게 깨진 제자들의 기대

예루살렘으로 가는 순례 여행을 계획하던 예수님 시대의 많은 갈릴리 사람들은, 성전에 올라가는 노래들을 불렀을 뿐만 아니라("사람이 내게 말하기를 여호와의 집에 올라가자 할 때에 내가 기뻐하였도다"-시 122:1), 언젠가 메시아와 함께 그 길을 갈 꿈을 품었을 것이다. 메시아는 사악한 통치자들, 제사장들, 헤롯, 로마인들, 그 패거리들을 쓸어버리실 테고, 하나님의 기름부음을 받은 자로서 정의와 평화로 다스리실 것이었다. 참으로 위대하고, 동시에 위험한 기대였다.

그리고 이제 최소한 이 열두 명의 제자들은 지금이 바로 그 순간이라고 믿는다. 예수님은 놀라운 일을 행하시며 하나님 나라에 대해 가르치시면서 갈릴리에서 그들을 이끌어 오셨다. 군중은 그분 때문에 혼란스러웠다. "사람들이 인자를 누구라 하느냐"(마 16:13). 그들은 예수님이 선지자라고 생각한다. 예수님은 세례 요한일 수도, 엘리야나 예레미야일 수도, 옛날 선지자 가운데 하나일 수도 있다고 생각한다.

"너희는 나를 누구라 하느냐"(마 16:15). 잠깐의 머뭇거림, 침묵……. 베드로가 제자들 모두를 대신해 말한다. "주는 그리스도시요 살아 계신 하나님의 아들이시니이다"(마 16:16). 이 말은 "예수님은 삼위일체의 제2위격이십니다"라는 의미가 아니었다. "하나님의 아들"이라는 표현은 '위대한 다윗의 더 위대한 자손'을 의미하는 유대인들의 칭호였고, 지금도 그러하다. 오랜 성경의 용어 안에 감추어진 더 깊은 진리가 예수님을 따르던 사람들에게 밝혀지기 시작한 것은 부활 이후의 일이었는데, 그들은 기쁨이 넘쳤지만 당황했다.

예수님은 이 대답을 한 베드로를 위엄 있게 축복하신다. 그분, 곧 예수님이 메시아이심을 아는 것은 당대 유대인들이 품었던 기대에서 추론할 수 있는 게 아니었고, 오직 하나님에게서 온 선물이었다. 그러고 나서 위대한 약속이 주어진다. "내가 이 반석 위에 내 교회를 세우리니 음부의 권세가 이기지 못하리라"(마 16:18).

어떤 이들은 이 말씀이 예루살렘에 대해 의도적으로 도전하는 것이라 생각하는데, 깊이 숙고하면 할수록 나는 이 의견에 더욱 동의하게 된다. 예루살렘은 반석 위에 세워진 도시이고, 그 가운데 반석 위에 세워진 집, 성전이 있었다. 예수님은 이미 산상설교에서, 하나님 나라의 메시지라는 반석 말고 다른 것에 기초해서 집을 세우는 것은 재앙을 불러오는 일이라고 말씀하셨다(마 7:24-27).

이제 예수님은 그분이 메시아임을 선언한 베드로의 말을 반석으로 삼아 그 위에 자신의 집을 세우실 것이라고 인정하시며, 남쪽으로 약 160킬로미터 떨어진 그 위대한 도시, 그러나 지금은 악한 그 도시가 이 생각에 떨 것이라고 말씀하신다. 당분간은 이 비밀을 지켜야만 한다. "자기가 그리스도인 것을 아무에게도 이르지 말라 하시니라"(마 16:20).

"그러나 우리는 지금 예루살렘으로 올라갈 계획이다. 갈릴리에서 보낸 준비 기간은 끝났다. 이제 남쪽으로 향해야 할 때다. 예루살렘은 왕이 되기 위해 가야 할 곳이다." 물론 이것이 제자들이 듣고 싶었던 바로 그 메시지다. 그들의 사기는 이미 하늘을 찌를 듯이 높다 못해 폭발할 지경이었다. 제자들은 갈 준비가 되었다. 제자들은 예수님을 왕으로, 유대인의 왕, 세상의 왕으로 세울 만반의 준비가 되었다.

그러나 제자들은 예수님이 마음에 품고 계셨던 종류의 즉위에 대해서는 아무런 준비도 되어 있지 않았다. 인자는 예루살렘으로 가서 장로들과 대제사장들과 서기관들에게 많은 고난을 받고, 죽임을 당하고, 3일 만에 살아나셔야만 한다. 제자들은 자신의 희망이 십자가에 못 박히는 걸 볼 준비가 되어 있지 않았다. 자신의 기대가 채워지기 위해 그 기대가 완전히 뒤엎어져야 함을 받아들일 준비가 되어 있지 않았다.

제자들은 항상 바라던 그 방식으로 하나님 나라를 원했다.

그리고 감사했다. 힘들 거라 예상했지만, 그럼에도 그들은 기꺼이 감당할 준비가 되어 있었다.

십자가에 대한 예수님의 도전은(십자가를 진다는 것이 무엇인지를 너무나도 잘 알고 있는 그 나라에서 그 도전은 분명 아주 준엄한 말로 여겨졌으리라) 베드로 같은 사람들이 간절히 원하던 그런 종류의 도전으로 손쉽게 해석되었다. 그 일은 힘겨울 것이다. 고난을 당해야 할지도 모른다. 바라는 바는 아니겠지만, 그래도 괜찮다. 끝내 이겨낼 것이고, 그 뒤에는 더 큰 영광이 기다리고 있을 테니까.

아마도 제자들은 그 도전의 가장 깊은 의미를 꿰뚫어 보지 못했을 것이다. "누구든지 나를 따라오려거든 자기를 부인하고 자기 십자가를 지고 나를 따를 것이니라 누구든지 제 목숨을 구원하고자 하면 잃을 것이요 누구든지 나를 위하여 제 목숨을 잃으면 찾으리라 사람이 만일 온 천하를 얻고도 제 목숨을 잃으면 무엇이 유익하리요 사람이 무엇을 주고 제 목숨과 바꾸겠느냐"(마 16:24-26).

"그렇다. 하나님 나라는 너희 생각보다 더 일찍 임할 것이다. 너희가 기대하는 그 이상으로 채워질 것이다. 그러나 그 일은 너희가 먼저 내던져져 부서지고, 먼지투성이 바닥에 산산조각 깨어져, 하나님 나라에 맞는 모습으로 다시 만들어져야만 가능한 것이다."

복음서 이야기의 역설 가운데 하나는 예수님의 가장 가까운 제자들, 그분을 가장 잘 이해하고 있던 사람들이 자기 나름의 방식으로 그분을 깊이 오해하고 있었다는 것이다. 예수님은 실제로 왕이 되시기 위해 예루살렘으로 가고 계셨다. 그러나 그분의 왕위는 전통적인 것과는 다른 것이 될 것이다. 후에 예루살렘으로 가는 길에서 두 제자가 예수님께, 왕좌에 오르셨을 때 하나는 오른편에 하나는 왼편에 앉게 해 달라고 요청하자, 예수님은 그들에게 그들이 지금 무엇을 구하고 있는지 알지 못한다고 말씀하셨다(마 20:20-23). 숙련된 기술자가 전통적인 왕좌 하나를 만드는 데 수개월이 걸린다. 그러나 군사 몇몇이 예수님을 위한 보좌를 만드는 데는 단 몇 분이 걸렸을 뿐이다.

베드로의 허세가 깃든 자신감, 감히 예수님께 명령하려던 그의 시도를 생각할 때 우리는 곧바로 예루살렘 대제사장의 집 가까운 곳에서 이른 봄날 새벽에 울리던 닭 울음소리를 떠올리지 않을 수 없다.

우리는 자기가 소중히 여기는 어떤 분야나 영역에서든 고난을 받으라는 부르심, 자기 생명을 버리라는 부르심, 십자가를 지라는 부르심을 무시해 버리고 자신의 기대가 인식의 지평을 지배할 때마다 닭 울음소리 듣는 법을 배우게 된다. 아마도 이것은 우리 순례 여행이 주는 교훈이기도 하다. 우리 모두에게는 예수님이 왕위에 오르시기를 원하는 나름의 이유가 있다. 그리하여 우리는 그분의 왕권을 우리의 사사로운 방식으로 왜곡하여 우리의 열망이나 야심에 맞추려고 한다. 예루살렘으로 가는 길은 언제나 좌절된 기대의 길임이 분명하다.

나를 새로 빚으시도록 내드릴 용기

그러나 모든 순례자가 알듯이, 여전히 당신이 예루살렘으로 가는 가장 큰 이유는 하나님을 만나기 위함이다. 물론 신약성경을 읽는 우리는 예수님과 바울에게서 배워서, 참하나님을 예배하는 자들은 물리적 지리에 매이지 않는다는 걸 알고 있다. 그들은 예루살렘도 아니고 사마리아도 아닌 곳에서 예배하게 될 것이다. 아버지께서 영과 진리로 예배하는 자를 찾으시기 때문이다 (마 4:20-24). 하지만 이는 이전 수천 년 동안의 생각과 맞지 않는, 기독교가 근본적으로 새롭게 도입한 생각이다.

"하나님이여 사슴이 시냇물을 찾기에 갈급함같이 내 영혼이 주를 찾기에 갈급하니이다 …… 내가 어느 때에 나아가서 하나님의 얼굴을 뵈올까"(시 42:1-2). 우리는 시편 42편의 이 구절을 너무 성급하게 영적으로 해석하지 말아야 한다. 그러면 맥락상 요점을 놓치게 된다. 이는 시편 기자가 포로 상태에서 돌아오게 해 달라는, 예루살렘으로 돌아오게 해 달라는, 영적·지리적으로 하나님의 임재 가운데로 돌아오게 해 달라는 기도다.

이 기도는 좀 기묘한 방식으로, 오늘날에도 여전히 동일하다. 흔히 예루살렘은 위대한 세 종교, 즉 유대교, 기독교, 이슬람교의 중심이라는 이야기를 한다. 그러나 실제로는 네 종교의 중심이다. 또 하나의 "주의"(ism)인 이른바 "관광업"(tourism)을 포함해야 할 것이다.

관광업은 순례 여행의 현대적이고 세속적인 모습일 수 있는데, 우리는 하나님을 만나거나 치유나 복을 받기 위해서라기보다 여러 다른 이유로 이곳을 찾는다. 우리 문화가 꼭 봐야 한다고 말하는 것들을 보기 위해, 시야나 경험을 넓히기 위해, 집에 돌아갔을 때 기분 좋게 해 줄 기념품을 사기 위해, 사진이나 영상을 찍어서 그 장소의 현실 가운데 일부를 훔치고 그걸 우리 자신의 사적인 현실로 만들기 위해 등등. 우리는 여러 이유로 유명하다는 장소나 관광지를 애써서 보러 간다.

우리는 세속주의의 신, 관여하지 말고 비판적인 거리에서 관찰하라고 말하는 자유로운 문화의 신을 경배하러 예루살렘, 아테네, 베네치아나 또 다른 장소들을 찾아간다. 그 장소만의 매력을 느끼고, 그림엽서를 산다. 기도하는 사람이라면 거기서 기도를 하겠지만, 그렇다고 하루종일 무릎 꿇고 거기 머물지는 않는다. 그다음 코스인 박물관에 가러, 혹은 차를 마시러 호텔로 돌아가기 위해 차를 타야만 하기 때문이다. 우리의 현실은 계속되어야 한다. 뒷마당에서 우는 닭 울음소리는 무시해 버리는 게 당연하지 않은가.

예루살렘으로 가는 길은 살아 계신 하나님, 언제나 사람들을 뒤흔드시고, 아무에게도 길들여지지 않으시며, 지혜로운 자와 학식 있는 자들에게는 자신을 감추시고 어린아이에게는 자신을 드러내시는 그분의 임재 가운데로 들어가는 길을 의미한다. 그렇기에 예루살렘은 종교적이기 쉬운 장소인 동시에 '숨을 나무'로써 종교를 이용하기에도 매우 용이한 곳이다. "너는 어디 있느냐? 너는 누구냐? 너는 무엇을 하고 있느냐?" 물으시는 하나님의 임재 앞에서 벌거벗은 아담이 나무 사이에 숨었을 때처럼 말이다.

하나님의 존재를 감지하기 쉬운 장소요, 적어도 한때 그분이 누워 주무셨던 따뜻한 공간이자, 그 감각을 아주 쉽게 왜곡하여 자신의 목적과 야망을 지지하거나 자신의 이데올로기를 보증하기 위해 하나님을 자기 나름대로 재구성하기 좋은 곳. 그곳이 바로 예루살렘이다.

그러므로 순례 여행이 진실한지 아닌지를 알아보는 시험은 하나님이 당신을 다시 빚으시는 걸 받아들일 준비가 되어 있느냐 아니냐의 문제다. 하나님은 당신이 그토록 조심스레 빚어 온 부족한 '당신'을 사랑으로 부수시고, 당신이라는 진흙이 준비될 때까지 그분 손으로 부드럽게 어루만지신다. 그러고 나서야 그분이 마음에 품고 계셨던 모습으로 당신을 빚으신다. 그건 아마도 당신이 원하거나 기대했던 것과는 전혀 다른 모습이리라.

예루살렘은 하나님의 위대한 기대의 상징이다. 그러나 그것은 결코 우리 자신의 기대와 일치하지 않을 것이다. 예루살렘으로 순례하는 유일한 참된 길은 아브라함이 그랬던 것처럼 어디로 가는지 혹은 거기에 도착했을 때 누구를 만날지 알지 못하고 가는 것이다. 그것은 회의적인 불신앙뿐만 아니라 집착하고 근심하는 신앙을 멈추고, 그냥 존재하는 것이다. 기다리는 이에게 조용히 찾아오시는 낯선 하나님을 침묵 가운데 마음을 열어 놓고 평온하게 기다리는 것이다.

예루살렘으로 가는 길은 한 분이신 참하나님의 임재 가운데로 깊이 들어가는 기나긴 여정이다. 이 길은 아주 매력적이면서 동시에 두려운 여정이다. 그 여정은 모든 것이 알려진 동시에 미지의 세계며, 의문투성이인 동시에 모든 게 약속되어 있다. 바로 이 길이 예루살렘으로 지리적인 여정을 떠나든 그렇지 않든, 우리 모든 그리스도인이 부르심을 받은 순례 여행이다.

우리 각 사람은 살아 계신 하나님을 발견하기 위한 순례 여행에 참여하라는 부르심을 받고 명령을 받는다. 어려운 질문이 제기되고 요구들이 주어지며 안개 속에서 십자가가 불쑥 나타나기 전까지 그 명령은 쉬운 과제다. 그저 기독교 여행자로서, 음악을 즐기고, 즉석에서 잠깐 기도를 드리고는 곧 거기서 벗어나고, 커피 한잔 마시는 것만큼 쉽다. 모든 그리스도인, 기독교 기관, 교회는 '하나님을 발견하고, 그분을 경배하고, 그분을 제도화하고, 그분을 길들이고, 그분을 부인(denying)하고, 그런 다음 다시 하나님을 기쁘시게 하며 재발견하는' 순환 과정을 거친다.

가장 위대한 기독교 신앙의 인물들은, 자만에 빠지는 죄를 범하지 않기 위해 신중하게 자신의 작품을 미완성인 채로 남겨 두는 조각가처럼, '하나님은 제한하거나 가둘 수 없고, 예기치 않은 어떤 곳에서 갑자기 나타나시며, 우리가 기대하지 않았던 일들을 행하실 분'임을 기억하며 산다. 은유적으로 말하자면, 주변에 닭 몇 마리를 두고 있는 사람들이다. 그 닭들은 우리가 원치 않을 때 울어 댐으로써, 우리 안에 하나님을 우리 자신의 형상으로 개조하려는 위험성이 늘 도사린다는 걸 상기시켜 준다.

우리가 흙이며 흙으로 돌아갈 것임을 되새기는 것은 기독교 순례 여행의 한 부분을 차지한다. 진정한 순례자의 길을 배우고자 하는 이들은 성경과 성례, 침묵, 고통 속에서 그들 자신보다 더 깊이 그들을 사랑하시는 하나님의 음성을 듣는 법을 배운다. 그분은 우리가 감히 직면할 수 없던 것을 반드시 물으시고, 우리가 차마 드리지 못한 것을 반드시 요구하신다.

크든 작든, 그저 그런 것이든 혹은 지나치게 간절히 원하는 것이든, 당신의 기대를 가지고 하나님께로 오라. 우리가 간절히 원하고 갈망할 참된 대상이신 한 분, 그래서 우리의 모든 모자란 사랑과 소망에 분명하고도 온화하게 반드시 도전하실 하나님께로 오라. 아브라함처럼 비록 자신이 어디로 가고 있는지 알지 못하더라도, 당신을 인도하시는 분을 신뢰하면서 오라.

당신의 십자가를 지고, 예수님의 존재의 온기가 여전히 남아 있는 침상으로, 신선한 빵과 달콤한 포도주가 여전히 그분 자신의 순례와 수난을 이야기하는 곳으로 오라. 그리고 날마다 늘어나는 합창대에 당신의 목소리, 당신 자신의 언어와 어조를 보태라. 새 예루살렘으로, 곧 하나님 자신이 그분의 백성과 함께 거하시며 모든 눈물을 닦아 주실 그곳으로 오라. 당신은 이미 그곳 시민이다.

닭들이 우는 도시로 오라. 그것들은 더는 그날 밤 저질러진 불충을 책망하기 위함이 아니라, 새날과 새날의 자녀들을 맞이하기 위해 운다. 미지의 세계면서 동시에 잘 알려진 그 도시는 우리 순례 여행의 최종 목적지다. 그리고 우리가 현재 드리는 기도와 현재 당하는 고통, 우리의 사순절 금식과 이 땅에서의 순례 여행은 그 목적지를 향해 나아가는 길이며 이를 상징하는 은유다.

우리는 예루살렘으로 올라가는 중이다. 그리고 반드시 인자는 아버지의 영광 가운데 그분의 천사들과 함께 오시리라. 모든 것이 분명해질 것이며, 모든 것이 치유될 것이며, 모든 것이 용서함을 받을 것이다.

6. 산을 오르는 길

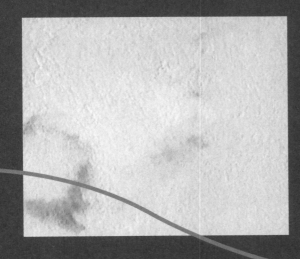

영적 체험。 나를 변화시키는 하나님의 임재의 신비

갈릴리 한가운데, 나사렛에서 7-8킬로미터 떨어진 곳에 산이 하나 있다. 그 산은 거대한 둥근 반구(半球)가 갈릴리 평지에서 솟아난 것 같은 형태인데, 그 모양이 거의 원형에 가깝다. 산꼭대기의 평평한 곳에 다다르면, 주위에 펼쳐진 갈릴리 중남부 전체가 한눈에 내려다보인다. 예수님이 몸소 거닐고 말씀을 전하신 열두 개의 작은 마을들도 볼 수 있다. 자, 이른바 '변화산'(Mount of Transfiguration)으로 유명한 다볼산에 온 걸 환영한다.

사실, 그곳이 실제로 예수님의 변화 사건이 벌어진 장소인지는 확실치 않다. 복음서들은, 가이사랴 빌립보에서 베드로가 예수님을 메시아로 인정하고 나서, 예수님이 예루살렘으로 가는 자신을 십자가를 지고 따르라고 제자들에게 명령하셨던 때로부터 일주일 뒤에 그 일이 일어났다고 기록한다.

가이사랴 빌립보는 우리가 앞에서 살펴본 대로, 갈릴리 최북단 헤르몬산 기슭에 자리 잡고 있다. 예수님은 아마도 그 지역에 머무르셨을 것이고, 갈릴리 남쪽으로 가서 다볼산을 오르시기보다는 헤르몬산을 오르셨을 것이다. 헤르몬산은 다볼산보다

더 높고, 더 외진 곳에 있고, 더 가파르다. 이런 까닭에 기독교 순례의 오랜 전통은 헤르몬산 대신 다볼산이 예수님의 변화 사건을 기념하기에 더 낫다고 여긴 듯하다.

그곳이 정확히 어디냐에 따라 달라지는 건 거의 없다. 사실 중요한 건 하나님의 백성 이야기에서 '산'이 의미하는 바다. 모세는 시내산에 올라서 불타는 떨기나무를 보았고, 개인적이고 가까우면서도 위험한 하나님의 임재 가운데 자신이 서 있음을 발견했다. 하나님의 위임을 받은 뒤 모세는 시내산에서 엎드려 하나님을 기다렸고, 그곳에서 십계명을 받았으며, 이스라엘이 죄를 지었을 때도 그 산에서 하나님께 탄원했다. 하나님과 함께 있었기에 모세가 산에서 내려왔을 때 그의 얼굴은 광채로 빛났다.

엘리야도 가장 고독했던 순간, 바알을 섬기던 선지자들에게 완승을 거둔 갈멜산에서 내려와 시내산으로 갔다. 그곳에서 하나님은 지진과 강한 바람과 불을 보이신 뒤에 세미한 음성으로 "엘리야야 네가 어찌하여 여기 있느냐" 물으시고(열상 19:13), 그에게 임무를 새로이 부여하시어, 주변 상황과 그의 절망에도 불구하고 예상치 못한 하나님의 목적들이 진행되고 있음을 확신케 하셨다.

아브라함과 하나님 사이에 있던 가장 기묘하고 가장 비밀스러운 사건도 바로 산에서 이루어졌다. 다윗은 눈을 들어 산을 바라보았고, 이를 하나님의 임재의 상징으로 보았다.

신학 공부를 시작하던 첫해, 구약성경의 주제가 신약성경에서 새롭게 배열되면서 하나로 합쳐진다는 사실을 처음 깨달은 순간이 아직도 생생하다. 그 몇 년 전에 멘델스존의 바이올린 협주곡을 처음 듣고 나서 한두 해 동안 멘델스존 협주곡과 사랑에 빠졌던 데 비견할 만한 갑작스러운 기쁨의 순간이었다. 그것을 깨닫게 했던 것이 바로 예수님의 변화산 이야기였다.

여기서 다시 한 번, 모세와 엘리야와 하나님이 산에서 만난다. 역사가 갑자기 하나로 포개진다. 과거와 현재가 하나로 융합되고, 미래도 그렇게 된다. 변화산 사건은 누가가 그의 기사에서 말하는 대로, 예수님의 출발, 곧 예루살렘에서 완성될 그분의 출애굽을 가리켜 보여 주기 때문이다.

그리고 구름 속에서 들려온 음성, 모세에게 십계명을 선포하던 바로 그 음성, 엘리야를 부드럽게 책망하시고 새로이 임무를 부여하던 속삭이는 음성이 이제 예수님에 관해, 오직 예수님에 관해 이렇게 말한다. "이는 내 사랑하는 아들이요 내 기뻐하는 자니 너희는 그의 말을 들으라"(마 17:5). 그다음으로 예수님이 하나님의 아들이라는 말을 꺼내는 사람은 예수님의 재판을 주관한 가야바가 될 것이다. 그다음은 십자가 아래 서 있던 그 백부장……

구속의 전체 이야기는 한 장소에서 하나로 묶여진다. 다볼산에서 갈릴리 전체를 한눈에 훑어볼 수 있는 것처럼, 변화산에서 하나님의 구속 이야기 전체를 개관할 수 있고 또한 그것을 하나로 볼 수 있다.

모두에게 열려 있는 영광의 기회

물론 그 이야기에서 가장 신기한 부분은 실제로 예수님이 변형되셨다는 사실 자체다. 예수님의 얼굴이 해와 같이 빛나고, 옷은 빛과 같이 희어졌다. 이는 그 자체로는 예수님의 신성을 계시하는 게 아니다. 만일 그렇다면 우리는 모세 역시 신성을 지녔다는 결론을 내려야만 할 것이다. 모세도 시내산에서 모습이 변형되었기 때문이다.

변화산에서 예수님 얼굴의 빛난 영광은 '하나님 형상으로 지음받았고, 이제 온전히 하나님께 열려 있으며, 온전히 하나님께 속하고, 온전히 하나님을 나타내 보이며, 온전히 하나님으로 불타는 인간 존재'의 영광이다. 이 인간 존재를 보는 건 하나님, 곧 거울에 비친 하나님, 거울을 통해 보는 하나님, 불타는 떨기나무 속에 계신, 그러나 이제는 얼굴이 빛나고 옷까지 빛나는 모습으로 사람들 가운데 사람으로 존재해 계시는 하나님을 보는 것이다.

오, 세상은 보지 못하나, 우리는 당신을 봅니다.
오, 세상은 만질 수 없으나, 우리는 당신을 만집니다.
오, 세상은 알지 못하나, 우리는 당신을 압니다.

이해할 수 없어도, 우리는 당신을 붙잡습니다!⁷

기독교 순례 여행의 행로가 언제나 산을 오르는 길을 포함하는 이유는 바로 이 때문이다. 많은 종교 전통들이 알 수 없는 신의 친밀한 임재를 추구해 왔다. 다른 유일신 신앙, 곧 유대교와 이슬람교에도 미지의 세계로의 여정에서 돌아온 신비주의자들이 있었고, 그들은 신기할 정도로 친숙한 용어로 한 분 하나님을 이야기했다.

그러나 기독교 전통은 항상 산 위에서의 경험들, 즉 변형시키는 힘을 지니신 하나님과 갖는 특별하고 친밀한 시간에 대해 상호보완적인 두 가지 위대한 진리를 강조했다. 한편으로 이러한 경험은 누구에게나 일어날 수 있는 일이다. 만일 경험하지 못하고 있다면 당신은 아마도 기도 생활은 물론이고 하나님을 섬기는 삶을 돌아보고 새롭게 해야 할 것이다. 다른 한편, 그러한 경험의 중요성은 경험 자체에 있기보다 그것이 우리에게 미치는 영향과 우리에게 준비시키는 것, 우리에게 위임하는 것에 달려 있다.

변형이 누구에게나 일어날 수 있는 경험이라는 말을 들으면 서구 전통에 속한 많은 그리스도인은 깜짝 놀란다. 우리는 그러한 일은 예수님에게만, 혹은 모세같이 아주 특별한 사람에게만 일어난다고 가정한다.

하지만 잘 드러나지 않았을 뿐 서구 기독교에 여전히 존재하고 있었으며 동방정교회에는 생생하게 살아 있는 전통으로, 매우 다양한 온갖 방식으로 인간을 변화시키시는 하나님의 임재를 발견하게 한다. 그러한 하나님의 임재는 인간 존재를 문자 그대로 영광의 광채 가운데 사로잡고, 기도와 신학, 증거와 그리스도인의 삶에 대해 알려 주며, 사람들이 엄청난 고난과 핍박 가운데서도 그리스도인으로 살아남고 심지어 즐거워하도록 해 주는 동시에, 타인과 모든 창조 질서 가운데 새로운 방식으로 드러난 하나님을 볼 수 있게 해 준다.

그러한 전통 가운데서 기도는 마지못해 하는 의무가 아니라, 습관으로 깊게 밴 지속적인 활동이다. 기도는 숨 쉬는 순간마다, 맥박이 뛸 때마다, 하나님의 임재를 바라고 누리는 것이 된다. 그리하여 어떤 이는 물리적인 광채, 곧 얼굴의 빛남을 경험하게 되고, 주변 사람들과 그것을 함께 나눌 수 있게 된다. 온 세상이 산 위에서 보이신 예수님의 광채를 좋아하기 때문이다.

19세기 러시아 저널리스트, 니콜라스 모토빌로프(Nicholas Motovilov)가 1831년에 사로프의 성 세라핌(Father Seraphim of Sarov)을 방문했던 기사에 귀를 기울여 보자. 세라핌은 위대한 성자였고 '스타레츠'(Staretz; 러시아 정교회의 영성 지도자로 카리스마적이며 예언적인 인물들이었다 - 옮긴이)였다.

세라핌 수사는 내 어깨를 꽉 잡고 이렇게 말했다.

"친구여, 우리 둘 다, 지금 이 순간, 성령 안에 있습니다. 그대는 왜 나를 보려 하지 않습니까?"

"당신을 바라볼 수가 없습니다, 수사님. 당신의 눈은 번개처럼 빛나고 있고 얼굴은 해보다 더 밝습니다. 눈이 부셔서 똑바로 쳐다볼 수가 없습니다."

"두려워 마십시오, 하나님의 친구여, 그대도 나처럼 빛나고 있습니다. 그대도 지금 성령의 충만한 은혜 가운데 있습니다. 그렇지 않다면 그대는 그대가 지금 나를 보는 것처럼 나를 볼 수 없었을 것입니다."

그때서야 나는 스타레츠, 그 거룩한 사람을 바라보았고, 두려움에 사로잡혔다. 태양의 중심에서, 정오에 가장 밝게 빛나는 햇살 가운데서 내게 이야기하는 한 사람의 얼굴을 상상해 보라. 당신은 그의 입술의 움직임과 눈에 나타난 표정을 보고, 음성을 듣고, 당신의 어깨를 두른 그의 팔을 느낄 수 있다. 그러나 당신은 그의 팔도, 몸도, 얼굴도 볼 수 없다. 온몸의 감각을 상실한 채, 눈 덮인 숲을 밝게 비추고 하얀 분가루처럼 우리 위에 떨어지는 얇은 조각들을 타오르게 하며 온 천지에 퍼지는, 눈을 멀게 하는 빛을 볼 수 있을 뿐이다.

"무엇을 느끼십니까?" 세라핌 수사가 물었다.

"놀라운 평안이요!"라고 나는 대답했다. "내 영혼이 아주 고요해지는 것을 느낍니다. 말로는 표현하기 힘든 평화예요. ······

낮설고, 알 수 없는 기쁨 …… 놀라운 행복 …… 굉장히 따스하고 …… 이런 향기는 온 세상천지에 없습니다!"

"알지요" 하고 세라핌 수사가 미소 지으며 말했다. …… "너무나 당연합니다. 하나님의 은총이 우리 마음 가운데, 우리 안에 살게 되었기 때문이지요. …… 하나님 나라는 우리 안에 살아 계시고, 우리를 따스하게 하시고, 우리를 가르치시며, 공기 중에 그분의 향기를 채우시고, 그 향기로 우리를 기쁘게 하시고, 형언할 수 없는 기쁨으로 우리 마음을 즐겁게 하시는 성령의 은총인 것입니다."[8]

합리주의적이고 회의적인 이 시대에 우리가 경멸하고 무시하는 신기한 일들을 암시하는 다른 예도 많지만, 아마도 이 이야기는 현대에 기록된 가장 극적인 사례이리라. 이러한 변화는 (최소한 동방정교회에서) 영적 세계가 손에 잡힐 듯 아주 가까이 있으며, 하늘 저 위에 멀리 있는 게 아니고, 우리가 정상적으로 도달할 수 있는 범위를 넘어선 어떤 형이상학적인 공간에 떨어져 있는 것도 아니라는 믿음을 지지해 준다. 이러한 이야기는 하나님의 구원 약속에 우리를 그분의 모습으로 변화시키시려는 하나님의 의도가 내포되어 있다는 믿음을 뒷받침해 준다. 하나님은 간절하게 지금 여기에서도 그러한 변화를 시작하고 싶어 하신다.

눈에 보이지 않는 차원, 천사들의 영역에 대해 우리 자신을 여는 것은 끊임없는 도전 과제다. 시인 프랜시스 톰슨(Francis Thompson)은 "오늘날 천사들은 어디에 있는가?" 묻고, 이렇게 대답한다.

> 날개의 움직임, 들으려면 들을 수도 있으리.
> 진흙으로 덧칠한 우리의 문을 두드리네.[9]

시험관(test-tube)에 들어가지 않는다면 그 어떤 실재(reality)라도 인정하기를 거부하는 우리의 오만 즉 맹점이, 천사의 세계와 다른 어떤 곳에 있는 하나님 차원의 실재에 우리 자신을 열어 놓지 못하게 방해한다.

> 천사들은 옛날 그 자리 그대로 지키고 있노라.
> 다만 돌 하나를 굴려라, 새 한 마리 날아오를 터이니!
> 찬란한 많은 것을 놓친 것은, 그대,
> 외면한 그대의 얼굴들이니.[10]

그렇다면 오늘날 우리에게 산을 오르는 길은, 무언가를 상기시켜 주고, 질책하며, 또한 초대한다. 우리 모두에게 열려 있는 그 길은 우리가 무시해 버린 영성의 차원과 깊이가 있음을 기억나게 해 준다. 우리는 진정으로 우리 마음과 삶을 자유롭게 다스릴 권한을 하나님께 드렸을 때 닥칠 '우리를 변형시키시는 불타는 하나님의 임재'가 두려운 나머지, 아마 마음 깊은 곳에서 고의로 영성의 그러한 차원과 깊이를 회피하고 숨어 버렸을 것이다.

산으로 올라가는 길은 모든 일상생활이 '성례전'이라는 사실을 기억하게 한다. 세상은 하나님의 웅대하심으로 가득하다. 우리가 교회에서 물과 빵과 포도주로 행하는 공식적인 성례는 하나님의 영광이 돌연 불꽃처럼 타오르게 될 세상에서의 실재에 관해 슬쩍 일러 주는 표지에 불과할 뿐이다. 그러므로 산을 오르는 길은 동시에 질책이다. 우리는 그저 표면에만 머물러 있고, 흥미도 없고 흥이 나지도 않는 기독교 제자도의 패턴을 반복하는 수준에 스스로 만족해 버리는 경우가 너무 많다.

시간을 들이고 관심을 기울인다면, 침묵하며 은혜를 추구한다면, 성령께서 우리를 변화시켜 주시기를 간절히 바란다면, 우리가 그리한다면 기꺼이 깨달을 수 있는 하나님의 실재의 차원들이 그리 멀리 있지 않은데도 말이다.

많은 이들이 그 실재에 가장 가깝게 다가가는 때는 예배 시간이지 않을까 싶다. 예배 중에는 (예를 들면) 영광스러운 음악이 훌륭한 건물, 거룩한 장소, 멋진 교제와 조화되어 마음과 상상력을 끌어올려, 하나님의 임재 가운데로 들어가게 해 준다. 그러나 하나님은 우리가 그 토대 위에 지어져야만 한다고 초대하신다. 우리 자신의 영적 여정, 산을 오르는 여정, 하나님의 임재 가운데

로 들어가는 여정에서 그것을 종착점이 아닌 출발점으로 삼아야
한다는 것이다.

만일 우리가 이 같은 여행을 하고 있지 않다면 우리의 모든
사순절 훈련 즉 우리가 결단과 열망, 의심과 실망, 답하기 어려운
질문과 재헌신 사이에서 바삐 왔다 갔다 하는 모든 수고와 노력
들이 그저 자기중심적인 놀이가 되는 위험에 처하게 된다.

나는 살아 계신 하나님의 임재가 당신의 삶을 현재와 미래에
어떤 방식으로 변화시키실지 알지 못한다. 그러나 산을 오르는
길이 우리 기독교 순례 여행에서 빼놓을 수 없는 한 부분이라는
것은 안다. 우리가 영적 평지에 머물러 있는 건 우리 자신에게 영
적으로 건조한 삶을 살라고 선고하는 것이다. 산에 오르려는 시
도조차 하지 않는 삶은 의심, 심지어는 영적 죽음에 이르게 되어
결국 산 같은 건 애당초 없다고 부정하게 된다.

잠시 그 이미지를 변화시켜 보자. 오늘날 실천하는 그리스
도인을 포함해서 많은 이들이 계속되는 영적 겨울에 산다. 이들
은 봉오리가 맺히고 꽃이 만발한 사진을 옛날 이야기 책에나 나
오는 환상쯤으로 여긴다. 그런 일은 현실에서는 일어날 수 없는
일이라 믿는다.

교회나 일상에서 드러나는 현재 우리의 생활방식에서 산을
오를 수 있는, 영적 새봄을 맞이할 여지가 없다면, 우리는 이를 바
로잡기 위한 단계들을 실천에 옮겨야 한다. 깊고 풍성하며 변화

시키는 하나님의 임재를 체험하는 건 특별한 범주에 속한 사람들만을 위해 유보된 것이 아니라, 모든 사람에게 주어진 기회다.

영적 경험은 반드시 소명으로 이어진다

그러나 결국 영적 산꼭대기에서 맛본 경험이 갖는 중요성은 경험했다는 사실 자체보다 그 경험을 통해 하나님이 우리에게 가르치시는 것, 우리를 준비시키시고 우리에게 위임하시는 것에 있다. 공관복음서 세 권 모두에서 가장 의미심장하게 여기는 사실이 있다. 예수님의 변화산 사건은 예수님이 고난받으시기 위해 예루살렘으로 방향을 잡으신 후에, 그의 제자들에게 십자가를 지고 자기를 따르라고 도전하신 직후에 일어났다.

영적 경험, 곧 주님이 자신을 계시하시고 우리를 변형시키시는 위대한 순간들은 단순히 그 경험을 즐기라고 허락하시는 게 절대 아니다. 우리는 경험을 그 자체로 가치 있게 여기라고 가르치는 경험 지향적 문화에서 산다. 가톨릭이건 정교회건, 성공회건 침례교건, 복음주의건 신비주의건 혹은 은사주의건, 그리스도인이 경험하는 하나님의 임재와 사랑을 일종의 소유 같은 것으로 여겨 단지 그 경험 자체를 누리고 고수하고 기념하라고 우리에게 주어지는 것으로 받아들인다면 이는 참으로 위험하다. 그럴 경우 안개 속에서 시작된 그 경험은 오로지 '나'에게 초점을 맞추다가

종국에는 분열로 끝나고 만다.

그러나 하나님의 선물을 오용하는 경우가 있다 해서 선물의 실제적 효용이 무효화되는 건 아니다. 그 선물이 하나님의 임재를 신비적으로 인식하는 것이든, 방언 같은 카리스마적 은사든, 변형을 경험하는 것이든, 교회에서 행하는 의식 중에 하나님의 임재를 강하게 느끼는 것이든, 혹은 다른 무엇이든 간에, 그 선물은 '소명'이라는 맥락에서 주어진 것이며 우리에게 그 소명을 감당할 능력을 부여하기 위한 것이다.

그리고 그 경험이 진정으로 예수 그리스도 안에서 우리가 알고 있는 그 하나님을 경험한 것이라면, 그 소명은 항상 "십자가를 지라"는 부르심을 포함할 것이다. 그리고 그러한 신적 조명은 십자가를 어떤 신선한 방식으로 견뎌 내거나 받아들이는 바로 그 순간에 일어나게 될 것이다.

19세기 러시아 교회는 우리를 변형시키시는 하나님의 위대한 임재를 경험으로 알고 있었는데, 나는 그것이 20세기에 다가올 커다란 환란과 핍박을 준비시키고 있었다고 믿는다. 앞서 언급한 프랜시스 톰슨은 우울과 비참함을 너무나 잘 알았는데, 가장 깊은 절망에 빠져 있던 안개 속 런던에서 '변형시키는 천사의 임재, 예수님의 갑작스러운 임재'를 경험하고 이렇게 썼다.

그러나 (네가 더는 슬플 수 없을 만큼 그토록 슬플 때)

울부짖으라. 그러면 네 심히 쓰린 상실 위에

천국과 채링 크로스(Charing Cross: 런던의 번화가) 사이에 놓인

야곱의 사다리의 교통이 빛나리니.

그렇다, 그 밤에, 나의 영혼, 나의 딸이여.

울부짖으라. 천국의 옷자락을 부여잡으면서.

그때에 그리스도께서 물 위를 걸어오시리니

게네사렛이 아니라 템즈강을![11]

그러므로 진정 참된 기독교 영성은 하나님의 임재라는 자아도취적 감정에 제멋대로 빠져 있는 게 아니다. 물론 하나님은 우리 대부분이 일반적으로 누리는 것보다 더 많은 시간을 고요함 가운데 사랑하시는 하나님의 임재 안에서 보낼 수 있음을 알고 계시지만 말이다.

참된 기독교 영성은 세상의 고통에 그리고 많은 경우 우리 자신의 고통과 절망에 뿌리를 두고 있으며, 우리에게 세상의 고통을 섬기라고, 그 고통 가운데 하나님의 사랑을 실천하라고, 우리가 지금 느끼는 것보다 더 많이 느끼라고 요청한다. 당신의 소명, 하나님이 주신 당신의 길이 당신 자신이나 다른 누군가를 고통으로 이끌어 간다면, 그것은 아마도 산을 오르는 또 다른 여행을 하라는 표지일 것이다. 다시 한 번 영광을 보고 그 여행을 계속할 새로운 힘을 얻으라고 부르심을 받는 중이리라.

산에서 내려와 예수님이 첫 번째로 하셔야 했던 일은 귀신 들린 소년을 고치는 것이었다. 그분이 마지막으로 하셔야 했던 일은 예루살렘으로 가서 죽는 것이었다. 그분은 산에서의 경험으로 힘과 용기를 얻으셔서 이 모든 소명을 감당하셨다.

산꼭대기에 서면 당신 앞에 펼쳐진 마을과 길들이 보인다. 골짜기를 따라 내려가면서 길을 잃지 않으려면 산에서 본 것을 기억해야만 한다.

그러므로 바쁜 여행 일정에서 시간을 내 산에 오르라. 그리고 인내심을 가지고 하나님을 기다리라. 아마도 그 시간은 당신이 항상 스스로에게 약속하고는 한 번도 제대로 해 보지 못 했던 걸 드디어 할 수 있는 시간이 될 것이다. 기도와 성경 묵상을 위한 시간을 따로 떼어 놓고, 잠시 조용한 곳으로 물러나 있는 시간. 당신이 빠져서 헤어 나오지 못하는 삶의 습관을 정리하고, 그리하여 당신에게 자신의 영광을 보여 주기 위해 기다리시는 하나님께 새로운 공간을 마련해 드리는 시간.

아마도 그 시간은 산을 오르는 험준한 길에서 당신이 앞으로 나아가도록 친절하게 도와줄 영적 지도자를 찾는 시간이 될 것이다. 아마도 그 시간은 당신이 한 음성을 듣고, 영광을 보고, 얼굴에 두려움과 경외감이 서리고, 예수님의 위엄에 새로이 사로잡히게 될 그런 가능성에 다시 한 번 당신 자신을 노출시키는 기회가 될 것이다.

그 산을 오르는 이들은 예수님의 변화산 사건을 떠올리지만, 그들에게는 그것을 넘어서는 약속이 주어진다. 사도 요한의 편지를 보라. "사랑하는 자들아 우리가 지금은 하나님의 자녀라 장래에 어떻게 될지는 아직 나타나지 아니하였으나 그가 나타나시면 우리가 그와 같을 줄을 아는 것은 그의 참모습 그대로 볼 것이기 때문이니 주를 향하여 이 소망을 가진 자마다 그의 깨끗하심과 같이 자기를 깨끗하게 하느니라"(요일 3:2-3).

그 산을 오르는 길은 무심한 관광객이나 용기 없는 사람을 위한 길이 아니다. 그러나 분명한 것은 산꼭대기에서 바라보는 광경은 참으로 장관이다.

7. 겟세마네로 가는 길

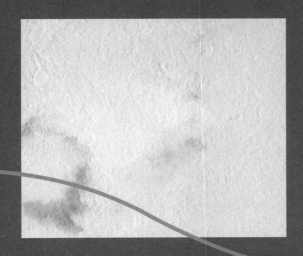

영적 씨름。 두려움과 불확실성 속에서 깨어 기도하는 것

왜 예수님은 겟세마네에 머무셨을까?

그곳은 예수님이 평소에 하루 일정을 마무리하시던 곳이 아니었다. 예수님은 대개 예루살렘에서 하루를 보내신 후, 열두 제자와 함께 감람산 너머에 있는 베다니의 숙소로 돌아가셨다. 그 짧은 여정은 가파른 동쪽 길을 따라 예루살렘을 떠나 깊은 기드론 골짜기로 내려갔다가, 다시 가파른 길을 이전보다 더 높이 올라가서 감람산을 넘어 반대편에 있는 베다니로 가는 길이었다. 이 짧지만 가파른 여행길에서 사람들은 가장 낮은 지점인 기드론 시내를 건넌 뒤에 겟세마네를 통과하게 되어 있다.

"겟세마네"라는 이름은 올리브 기름을 짜는 틀이라는 뜻의 히브리어와 아람어에서 비롯되었다. 분명 그 동산은 언덕을 따라 수천 그루의 감람나무(올리브나무)가 빼곡히 심긴 과수원이었을 것이다. 예루살렘 주변에 있는 대부분의 다른 성지와 마찬가지로, 이곳의 정확한 1세기 때 위치에 대해서도 논란이 있지만, 감람산 기슭 어디쯤인 건 분명해 보인다. 왜 예수님은 중요한 그날의 마지막 방문지로 이곳을 택해 머무셨을까?

선택의 기로에 서서

그날 밤 예수님 앞에 놓인 두 가지 선택 안을 생각해 보자. 지난 며칠 동안 예수님의 행동과 말씀은 어둠의 지배에 도전하고 새로운 날의 서광을 알리면서 침투해 들어오는 하나님 나라에 관한 것이었다. 성전에서 예수님이 하신 행동은 기존 체제가 하나님의 심판 아래 있음을 보여 주었다. 그분의 마지막 식사는 새로운 출애굽, 곧 해방의 순간이 마침내 임했음을 드러냈다. 그분은 최후의 식사 자리에서 하나님 나라에서 새것으로 마실 때까지 다시는 포도나무에서 난 것을 마시지 않겠다고 선언하셨다.

예수님의 제자들은 예수님의 힌트와 사인을 기다렸고, 그 사인을 그들 모두가 고대하던 행동의 개시로 생각했던 제자들은 그분의 명령에 따라 움직일 준비를 마쳤다. 그 도시에는 예수님과 그분의 왕국을 위해 칼을 휘두를 준비가 되어 있는 친구와 지지자가 많았다. 열두 영이나 되는 천사의 도움이 있든 없든, 예수님이 놀라운 능력과 권위로 앞장서서 밤중에 기습 공격을 감행한다면, 아침이면 그들이 고대하던 의미에서의 하나님 나라가 도래할 터였다. 예수님은 새로운 왕이 될 것이고, 그들은 그 나라에서 예수님 좌우에 앉게 될 것이다. 이것이 첫 번째 선택 안으로 예수님의 제자들에게는 가장 확실한 선택이었을 것이다.

그런데 왜 해방의 만찬 후에 예수님은 제자들에게 다시 성으로 들어가 그들의 목적에 맞게끔 행동하라고 명령하지 않으셨을까? 왜 그분은 겟세마네 동산으로 가셨을까?

또 다른 안을 생각해 보자. 예수님이 정치적이고 군사적인 행동에 반대하는 행보를 하기로 결정하셨다고 가정해 보자. 예수님이 하나님 나라는 개인적 경건, 내면의 영적 성향, 개인적 헌신과 기도에 달렸으며, 행동의 문제라기보다는 내적으로 수행되어야 할 영성의 문제라고 결정하셨다고 가정해 보자. 또한 예수님이 궁극적 정의와 평화를 위한 하나님의 약속이 전적으로 현실과 동떨어진 완전히 다른 세계에 속한 것이라고 생각하셨고, 이 소망을 선포하는 그분의 사역은 하나님이 자신의 방식으로 자신의 때에 그 일을 하시기를 가만히 앉아 기다리는 거라 생각하셨다고 가정해 보자.

이것이 예수님의 뜻이라면, 그분은 시골이나 광야로 조용히 물러나 기다리면서 기도하셨을 것이다. 그분은 열두 제자를 데리고 감람산을 넘어 베다니로 가고, 더 멀리 요단 계곡까지 나아가셨을 것이다. 다윗이 압살롬을 피해 도망가듯 아침쯤에는 요단강을 건너셨을 것이고, 배신자와 성전 간수들 손에서 벗어나셨으리라. 예수님과 제자들은 그곳에서 공동체를 형성하고, 하루 세 번씩 주기도문을 외우며 하나님이 하시고자 하는 일을 하실 때까지 기다렸을 것이다. 어쩌면 쿰란에 살았던 집단들과 거의 유사한 공동체가 되었을지도 모르겠다.

그렇다면 왜 예수님은 이런 길을 택하지 않으셨을까? 왜 그분은 겟세마네에 머무셨을까? 실제로 성지순례를 떠나든, 집에 있으면서 예수님의 수난 사건을 따라 마음과 생각으로 순례 여행을 하든, 우리는 여지없이 바로 이 질문을 마주하게 된다.

지금까지 교회는 계속해서, 앞서 말한 두 가지 안 가운데 하나를 택하면서 예수님과 함께 겟세마네에 머물지 않았다. 교회들은 세속적인 하나님 나라를 세우는 일에 뛰어들거나, 세상 바깥으로 물러나서 개인적 경건과 은밀한 소망을 키워 나가곤 했다. 그러나 예수님을 따라 순례의 길을 가기 원하는 그리스도인이라면 이 질문을 피할 수 없다. 왜 예수님은 겟세마네에 머무셨는가? 우리가 예수님과 함께 그곳에 머문다는 건 무엇을 의미하는가?

이 질문에 대한 답을 얻기 위해 우리는 예수님이 잔을 두고 하신 오묘한 말씀으로 돌아가야 한다. 이 말씀이 동산에서 일어난 일의 전조 역할을 하기 때문이다. 예수님은 야고보와 요한에게 "내가 마시는 잔을 너희가 마실 수 있으며 내가 받는 세례를 너희가 받을 수 있느냐"고 물으셨다(막 10:38). 야고보와 요한은 예수님의 왕권에 참여하고 싶었고, 그분이 예루살렘에서 왕좌에 오르실 때 좌우에 앉고 싶어 했다. 그들이 예수님이 세우려는 나라를 어떻게 생각했는지는 분명하다.

반면에 예수님의 생각이 그들과 달랐다는 점 역시 분명하다. 예수님은 자신의 나라는 그런 나라가 아니며, 하나님도 그런 분이 아니라고 경고하신다. 하나님 나라는 올 것이다. 그러나 그 나라는 잔을 마시는 것을 통해, 세례를 통해, 그리고 예수님이 감당해야 하고 겪으셔야 하는 일, 그들이 결코 따라할 수 없는 그 일을 통해 올 것이다.

그 후에 동산에서 예수님은 선택의 기로에 서셨다. 그리고 한 발짝 움츠리셨다. "아빠 아버지여 아버지께는 모든 것이 가능하오니 이 잔을 내게서 옮기시옵소서 그러나 나의 원대로 마시옵고 아버지의 원대로 하옵소서"(막 14:36). 물론 다른 길이 있었다면 예수님은 기꺼이 그 길을 택하셨을 것이다. 예수님께 내밀어진 잔을 그분 안의 모든 것이 거부하려 한다. 이는 분명 순교자가 두려움 없이 용기 있게 죽음의 길로 나아가는 영웅적인 장면이 아니다. 게다가 여느 순교와도 다르다.

진정한 적과 싸우는 진정한 시련의 시간이다. 그리하여 예수님은 제자들에게 그 시련을 면하기 위해 기도하라고 강권하셨다. 어둠의 세력이 자신들의 능력을 마음껏 발휘하는, 극심한 고통의 때다. 그러나 하나님 나라의 계획이 이루어지려면 반드시 이 고통의 때를 통과해야 한다. 이 순간을 직면하기 위해 예수님은 다윗왕이 압살롬과 자신의 부하 절반이 가담한 반역을 피해 슬퍼하며 도망쳤던 곳으로 가셨다. 왕국이 배신을 당해 슬픔 속에서 전투를 벌인 그곳으로.

예수님이 마주하신 건 단순히 인간 적들(군인, 간수, 심지어는 배신자로 변해 버린 자신의 제자 가운데 하나)만이 아니었다. 바로 하나님 나라가 자신들의 왕국을 능가하는 강력한 적임을 알고 하나님 나라를 반대한 눈에 보이지 않는 모든 세력의 연합이었다. 사람들을 화해시키는 대신 싸우게 만들고, 인간성보다 잔인함을, 세계보다 자기 종족을, 하나님보다 자기 자신을 선택하게 하는 눈에 보이지 않는 압제와 폭력의 세력들. 때로는 귀신들린 사람의 입술을 빌려 예수님을 향해 비명을 지르거나, 종교인의 냉소를 통해 트집을 잡거나, 왕궁 세력들을 통해 위협하는 방식으로 이 세력들은 예수님의 공생애 내내 그분을 대적했다.

이제 그들은 암흑의 때에 함께 모였고, 예수님은 벌거벗은 채 홀로 그들을 대면해야 한다는 것을 아셨다. 그러나 그분의 제자들은 악의 소용돌이 속으로 빨려 들어가지 말아야 한다. 그러려면 그들은 "시험에 들지 않게 깨어 있어 기도"해야 한다(막 14:38).

오로지 예수님 홀로 감당하셔야 하는 과업이었다. 이 모든 것을 예상했기에 그분은 고뇌했고, 땀이 핏방울처럼 흘러내렸다. 그분은 왜 거기 머무셨는가? 그리고 우리가 그분과 함께 거기 머문다는 건 대체 무엇을 의미하는가?

그 대답의 일부를 또 다른 잔 이야기에서 찾을 수 있다. 겟세마네는 바로 앞서 일어난 일과 관련해 해석할 수 있다. 그날 저녁, 최후의 만찬 자리에서 예수님은 포도주 잔을 들고서 이렇게 선언하셨다. "이것은 죄 사함을 얻게 하려고 많은 사람을 위하여 홀리는 바 나의 피 곧 언약의 피니라"(마 26:28).

　필시 기존과 완전히 다른 유월절 음식이었다. 유월절이라는 유대인의 큰 절기는 과거에 하나님이 행하신 일을 돌아봄과 동시에 미래에 하실 일을 바라보는 시간이다. 구체적으로 말하자면, 유월절은 하나님이 자기 백성을 애굽의 노예 상태에서 해방하신 것과 시내산에서 언약 맺으신 일을 돌아보는 것이다. 또한 하나님이 그들과 예레미야에게 약속하신 새 언약을 맺으실 것을 내다보았다. 그 새 언약을 통해 이스라엘이 정치적인 노예 상태만 아니라 죄와 악의 세력에 사로잡힌 노예 상태에서 풀려나 자유로워지는 것이다. "보라 날이 이르리니 내가 이스라엘 집과 유다 집에 새 언약을 맺으리라 이 언약은 내가 그들의 조상들의 손을 잡고 애굽 땅에서 인도하여 내던 날에 맺은 것과 같지 아니할 것〔이다〕 …… 나는 그들의 하나님이 되고 그들은 내 백성이 될 것이라 …… 내가 그들의 악행을 사하고 다시는 그 죄를 기억하지 아니하리라"(렘 31:31-34).

　최후의 만찬 자리에서 예수님은 그 순간이 이르렀다고 말씀하신다. 그 때는 그분의 고난과 죽음을 통해 이루어질 것이다. 동산에서 예수님은 자신이 마실 잔을 생각하면서 괴로워하셨지만, 그 잔으로 인해 새 언약의 잔이 예수님의 제자들에게 주어졌다. 예수님은 다른 길을 선택하셨기에 겟세마네에 오르셨다. 이 길은 진정한 왕국의 길이요, 고난을 기꺼이 받아들임으로써 하나님이 새 언약을 세우시는 길이다. 그러므로 겟세마네로 가는 길은 그 다락방을 통과하는 길이고, 또한 그 다락방에서 나오는 길이다.

우리는 예수님이 제자들과 마지막 만찬을 드신 곳이 정확히 어디인지 잘 모른다(고대나 현대를 막론하고 영민한 관광 가이드들은 가능성 있는 여러 곳을 제안하기를 주저하지 않았다. 초기의 강력한 설화에 의하면, 그곳은 예루살렘 구시가지 남서쪽에 있는 마가의 집이라 추정하는데, 현재 그곳에는 성마가교회라는 시리아 정교회 교회가 서 있다. 이곳은 겟세마네로부터 걸어서 1.5킬로미터가 채 안 되는 곳이다).

그러나 정확한 식사 장소의 위치보다 훨씬 더 중요한 것은 최후의 만찬이 지닌 의미다. 이 만찬에서 예수님이 자신의 모든 사역과 계획을 한데 모으셨다. 이곳은 요단과 갈릴리와 변화산 정상과 예루살렘으로부터 오는 모든 길이 도달하는 지점이다. 이 만찬은 이런 의미의 행동이다. "여기에 하나님 나라가 있다. 나와 함께 이 음식을 먹는 자는 그 나라에 함께 들어가는 것과 같다." 이는 '예수님이 곧 맞이하실 죽음'을 '이스라엘을 향한 하나님의 오랜 목적'의 관점에서 해석한 행동이었다. 바로 이스라엘과의 새 언약을 통해 그들의 창조주 하나님이 정의와 평화와 용서의 새로운 세계를 창조하시려는 계획이다.

마찬가지로 중요한 점은, 이것이 '하나님이 간절히 바라시던 목적'을 '예수님 자신과 자신의 임박한 죽음'의 관점에서 해석한 행동이었다는 사실이다. 참으로 비전과 영광과 신비와 경축의 순간이며, 산꼭대기에 올랐을 때와 맞먹는 순간이다.

우리는 주님이 행하셨던 것을 반복하기 위해 매일 또는 매주 그 다락방으로 돌아가는 신비와 경축에 마음과 생각으로 동참하라는 초대를 받는다. 그리하여 그것은 계속해서 우리를 예수님의 사람들로, 새 언약의 사람들로, 그분의 죽음과 부활로 새롭게 태어난 사람들로, 그리고 '용서'라는 단어로 다시 빚어진 사람들로 만들어 간다.

우리는 교리에 대해 논쟁하고, 윤리에 대해 걱정하고, 의식과 언어와 규칙과 규정에 관해 어려움을 겪을 수 있다. 그러나 우리가 떡과 잔을 들어 예수님이 행하신 것처럼 할 때, 우리는 어떻든 그분의 백성이 되고, 그분의 생명과 죽음이 우리 자신의 생명의 원천이며 또한 우리 자신의 죽음에 대한 소망임을 선언하는 것이다.

부르심을 감당할 힘을 얻기 위하여

그러므로 우리는 겟세마네로 돌아가서 기다리라는 부르심을 받은 그분의 백성이다. 우리는 예수님의 고난과 온 세상의 최종적인 구속 사이에 있는 기간 동안 하나님의 독특한 목적과 씨름하라는 부르심을 받은 백성이다. 우리는 적대적인 세상을 향해 무기를 들고 나가 힘으로 왕국을 세우거나 개인적 영성으로 도망

치라는 부르심을 받은 것이 아니다.

성만찬에서 예수님의 잔을 마시는 우리는, 야고보와 요한이 말하는 대로, 그분이 마신 잔을 마시고, 그분이 받은 세례를 받도록 부르심을 받은 백성이다. 우리는 수난절(예수의 수난과 죽음을 기념하는 기간. 부활절 전의 2주일 동안)을 맞이하여 겟세마네로 들어가면서, 기도와 금식을 하고, 배신과 고통을 당하고, 하나님의 목적과 씨름하는 모호하고 고통스러운 위치로 들어가고, 우리가 오해했을지도 모른다고 생각하기도 하고, 혹시 다른 길이 있으면 어쩌나 괴로워하기도 하고, 친구들과 가족들에게 오해를 사기도 하고, 외부의 적과 싸우면서 동시에 내적으로는 두려운 상태로 들어가도록 부르심을 받은 백성이다.

겟세마네 동산에서 제자들은 하나같이 모두 잠들었다. 비록 우리 주변과 심지어는 우리 내면에서 들려오는 모든 소리가 우리가 잘못되었을지도 모른다고 외친다 할지라도, 우리는 깨어 있어 경계하며, 무엇이 문제고 어떤 입장을 취해야 하는지를 살펴보고, 예수님이 "아빠 아버지"라고 부르는 분과 함께 사역하도록 부르심을 받았다.

이 부르심은 특별히 세 가지에 초점을 맞추고 있다.

첫째, 우리는 새 언약의 백성으로 부르심을 받았다. 이는 하나님의 선물로 말미암아 용서의 부르심을 따라 살아가는 백성이 된다는 의미다. 이 일은 여전히 무엇보다 힘든 삶의 방식으로 남아 있다. 오늘날 많은 사회에서, 심지어는 소위 기독교 사회라는 곳에서조차 용서를 시도하거나 실천하는 일을 찾아보기 어렵고, 심지어 용서의 가치를 알아주지도 않는다.

궁극적으로, 용서는 우리 눈앞에 십자가를 둘 때만 가능하며, 주님의 식탁에서 몸과 머리와 가슴으로 빵과 포도주를 먹을 때만 가능하다. 그러나 용서야말로 그리스도인인 우리가 서 있는 토대다. 우리는 매일, 매주 우리에게 고통을 주고 불평이 터져 나오는 관계에서도 용서의 삶을 따르라는 부르심을 받는다. 개인적인 관계에서, 회중 안에서, 그리고 동료와 친구와 이웃 사이에서 그래야 한다.

사회적 계층이 다르거나 문화가 다른 집단 사이에서, 영국 내 지역 갈등 속에서, 그리고 중동이나 발칸반도, 북아일랜드의 서로 다른 부족이나 인종 사이의 관계에서도 그래야 한다. 우리가 이 토대 위에 굳건히 서려면, 공격하면서 앞으로 나가거나 문제를 회피하면서 뒤로 물러서지 말고, 길이 우리 앞에 열릴 때까지 우리 자신의 개인적인 겟세마네에서 기도하면서 씨름해야 한다.

둘째, 예수님이 분명히 밝히셨듯이 우리는 전혀 다른 리더십 모델에 따라 살도록 부르심을 받았다. 세상의 주관자들은 다른 사람 위에 군림하고, 높은 자들은 자신의 세도를 뽐낸다. 그러나 그리스도인은 그래서는 안 된다. 우리는 약자를 괴롭히는 폭군의 오만이나 대중에 영합하는 자들의 우유부단함이 아니라 새로운 리더십을 세우기 위해 노력하고 증거하라는 부르심을 받았다. 교회뿐만 아니라 사회에서도 우리는 고난받는 종의 길, 백성들의 고통을 함께 짊어지는 제삼의 길을 위해 애써야 한다.

교회는 대부분의 세상 권세들과 마찬가지로 이 부분에서 계속 실패했다. 그러나 겟세마네 동산은 기도하고 증거하라는 부르심이며, 하나님이 어디로 이끄시든 따라가라는 요청이다. 정의와 평화를 위해 애쓴다고 하지만 더 많은 전쟁과 종족 간 분열을 촉진할 뿐이고, 용서는 약자들에게만 해당되며 고통은 성공하지 못한 자들이 당해야 하는 것이라 여기는 세상 속에서, 겟세마네는 이런 것들을 인정하지 않고 하나님 나라를 고대하는 교회의 소명을 상징한다.

오늘날 교회는 '칼을 들고 휘둘러 사악한 자들을 처단하라'는 목소리와 '가이사의 나라는 가이사에게 맡기고, 교회는 내적 영혼의 왕국만 가꾸고 키우는 조용한 영성적 역할로 물러나라'는 목소리, 이 양편에서 공격을 당하고 있다. 교회는 내부자지만 적과 내통한 자들, 친구지만 치명적인 입맞춤을 하는 자들에게 끊임없이 배신당했다.

그러나 우리는 여전히 겟세마네로 가라는 부르심을 받는다. 세상이 여전히 큰 고통을 당하는 바로 그곳에서 하나님 나라를 위해 기도하면서 투쟁하고, 우리 자신이 선택했든 아니든 우리에게 주어진 소명을 감당할 준비를 하라는 부르심을 받는다. 특별히, 우리는 세상과 다른 리더십을 따르라는 부르심을 받는다.

셋째, 우리 모두는 각자에게 주어진 소명 앞에서 씨름하는 순간을 마주한다. 청년의 소명은 평생 동안 적극적인 섬김의 삶을 살기 위한 길을 찾는 것이다. 중년의 소명은 인생 중반에 꼬이고 얽힌 삶, 새로운 기회와 실망의 한복판에서 맡겨진 일을 감당하는 것이다. 노년의 소명은 자신과 사랑하는 사람이 점점 쇠약해지고 죽음에 가까워지는 상황에서도 십자가를 따르는 삶을 살면서 모범을 보이는 것이다. 겟세마네에서 이것들을 생각하지 않는다면, 우리는 자신이 지금 무엇을 하려고 하는지 완전히 잊어버린 것이다.

이 순간 우리 모두에게 겟세마네 동산이 전하는 메시지는 분명하다. 당신이 격랑 속에 휘말리고, 두려움과 불확실성 속에서 힘겹다고 해서 그것이 잘못된 길을 가고 있거나 잘못된 지점에 도달했음을 의미한다고 생각하지 말라는 것이다. 그리스도인은 언제나 내적인 평안과 안정을 누려야 한다고 생각하는 건 좋게 봐줘도 반쪽짜리 진리에 불과하고, 나쁘게 말하면 겟세마네의 예수님에 대한 낭만적이고 실존주의적인 배신이다.

이것이 우리 주님이 걸어가신 길이며, 주님은 우리도 그분을 뒤따르고, 깨어 기다리면서 기도하라고 초청하신다. 우리가 예수님의 빵과 잔을 나누어 마셨다면 동산에서 그분이 감당하셨던 고뇌 또한 함께 나눠야 하지 않겠는가? 제자로 부르시는 그분의 음성을 들었다면 이 순간에 도망치거나 배신자와 고소자 무리에 합류할 수 있겠는가?

마찬가지로, 다른 사람을 용서하는 것, 세상 흐름에 반하는 행동을 하거나 리더십을 발휘하는 것, 힘들지만 매우 중요한 어떤 일을 해야 하는 것, 고난과 죽음에 직면하라는 부르심 등 우리가 감당하기 힘든 과업이 눈앞에 놓여 있다면, 겟세마네는 우리에게 진정한 싸움은 먼저 무릎으로 이겨야 하는 것임을 알려 준다.

예수님은 가야바와 빌라도, 성전 간수와 로마 군인들, 우는 여인들과 조롱하는 군중, 사랑하는 이의 배신, 육체적 고문, 그리고 죽음에 직면해야 한다는 현실을 깊이 인식하고 있었다. 그분은 다락방의 황홀함과 계시의 순간에서 겟세마네 동산의 고뇌의 순간으로 움직이셨는데, 이는 앞으로 닥칠 일을 위해 아버지와 기도로 씨름하기 위해서였다.

예수님이 그러셔야 했다면 우리는 얼마나 더 그래야 하겠는가? 그러므로 순례 여행을 할 때 우리의 일정과 마음속에 우리 주님과 함께 겟세마네 동산에서 깨어 있을 만한 여지를 마련해 두자. 그리하여 아침이 왔을 때 그분의 뜻을 준행할 힘을 키우자.

8. 십자가의 길

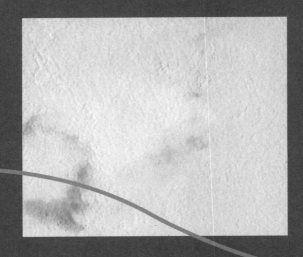

예수의 십자가。그분의 「친구」로서 살아가라는 부르심

예루살렘 구시가지(Old City; 올드시티)는 경사진 언덕 위에 있다. 예루살렘은 북에서 남으로 이어지는 티로포에온 골짜기 (Tyropoean valley; 중앙 계곡)를 중심으로 양쪽으로 나뉜다. 도시는 가파른 여러 거리로 빼곡하게 얽혀 있는데, 동에서 서로 이어지는 거리들은 급격하게 비탈져 내려오다가 다시 반대편으로 경사져 올라간다.

해마다 성금요일이면 전 세계에서 온 순례자들이 이 동서로 이어지는 거리 중 하나로 몰려든다. 이 길은 구시가지 대부분의 다른 거리와 마찬가지로 폭이 6미터도 채 되지 않고, 어떤 곳은 폭이 겨우 3미터에 불과한 좁은 골목이다. 골목은 상점과 카페, 노점상들로 가득하다. 요리하고 물건 값을 흥정하고 논쟁하는 어른들로 늘 북적이며, 사람들 발치에서는 아이들이 뛰놀고 있다.

이 특별한 거리는 옛 성전이 있던 언덕 북쪽에서 시작되는데, 그 가까운 곳에 축제 기간 중에 혹시 일어날지도 모를 소요 사태를 감시하는 로마의 요새가 자리 잡고 있었다. 그 거리는 이슬람 지역 한복판으로 연결되는데, 최근에 유대인 우익 집단이 그

144

지역을 사서 도시의 인구 분포를 바꾸기 위한 치열한 노력을 하고 있다.

그런 다음 가장 낮은 지점 근처에서 길은 계곡을 따라 급격하게 왼쪽으로 방향을 꺾었다가 다시 급격하게 오른쪽으로 꺾이면서 도시의 서쪽 지역으로 매우 가파르게 올라간다. 좌우로 갑작스러운 방향 전환을 두 번 더 하면, 예수님 당시의 도시 성벽으로 연결되고(오늘날에는 성벽이 더 서쪽으로 밀려나 있다), 길은 다시 외곽의 작은 언덕으로 연결된다. 우리가 방금 걸은 이 길이 '십자가의 길'(Via Dolorosa)이다.

물론 성금요일 이른 아침에 끔찍했던 행렬이 정확하게 어느 길로 갔는지에 대해서 역사가나 고고학자들은 의견을 달리한다. 빌라도가 예수님을 재판한 곳이 도시의 동쪽 요새가 아니라 서쪽 요새일지도 모르는데, 그럴 경우 십자가의 길은 더 짧아지고 전혀 다른 길이 될 것이다.

그러나 예루살렘을 순례했던 초기 시대부터 여행자들은 오늘날 '십자가의 길'로 알려진 거리에 관심을 집중했는데, 그 거리에는 전통적인 '십자가의 길' 여러 장소(처)가 자리 잡고 있다. 그 가운데 아홉 개 처는 골고다로 가는 길에 있고, 다섯 개는 성묘교회 안에 있다. 오늘날 예루살렘에는 상업화되지 않은 것이 거의 없는데, '제3처 카페'나 '제5처 기념품 가게' 같은 것도 그중 하나다. 거기서는 그 거리의 여러 모습을 담은 그림엽서와 티셔츠를

판매한다. 순례자와 관광객, 소매치기와 강매하는 장사꾼, 군인과 거지들이 이 좁은 골목을 가득 메우고 북적대고 있다. 예수님 당시에도 그다지 달랐을 것 같지 않다.

유일무이하고 반복될 수 없는 그분의 죽음

그 옛날 첫 번째 성금요일에는 특별한 임무를 부여받은 특별한 병사들이 있었는데, 그들은 그 임무를 평소대로 잔혹하게 집행했다. 십자가의 행렬이 좁은 길을 통과하면서 보여 준 공포와 충격의 광경을 상상하기란 그리 어렵지 않다. 여자들은 전통적인 방식대로 곡소리를 높였으며, 그들의 슬픔은 잔인한 정치 지배자들 앞에서 무기력하게 당하는 모습과 뒤섞여 있다(그런 느낌이 오늘날의 예루살렘에서 완전히 사라진 것은 아니다).

여기 많은 사람들의 소망을 짊어진 한 사람이 있다. 그분은 군중의 상상력을 사로잡으셨다. 어떤 이는 그분을 미칠 듯이 사랑했고, 그분의 한마디 한마디를 붙들었으며, 어두운 골목길에서 그분이 이루실 왕국을 읊조리고 저녁 촛불을 밝히면서 기도했다. 비록 모습은 보이지 않지만 그렇다고 마음까지 멀어진 것은 아닌, 절망감에 사로잡힌 열한 명의 사람들이 거기 있다.

지금 형벌을 받고 있는 분은 전날 밤 그 열한 명의 발을 씻기셨다. 그들은 그분이 이렇게 말씀하는 걸 들었다. "새 계명을 너

희에게 주노니 서로 사랑하라 내가 너희를 사랑한 것같이 너희도
서로 사랑하라"(요 13:34). "사람이 친구를 위하여 자기 목숨을 버
리면 이보다 더 큰 사랑이 없나니"(요 15:13).

우리가 지금 십자가의 길을 묵상하면서 숙고하려는 게 바로
이 우정이다. 그날 열한 명의 제자들은 예수님을 따르지 않았다.
사도 요한에 따르면, 그중 한 명은 십자가 밑에까지 따라갔는데,
예수님의 사랑을 받던 그 제자는 아마 너무 어려서 울고 있는 여
자들 틈에 있었어도 군인들이 그를 잡으려는 생각을 안 했던 것
같다. 다른 제자들은 예수님의 마지막 여행길을 따르지 않았다.
그들은 부끄러움과 공포와 슬픔에 사로잡힌 채 한때 꿈꿨던 황금
빛 꿈이 악몽으로 변했다는 사실을 믿을 수 없어 문을 잠그고 그
뒤에 숨어 있었다.

그들이 숨어 있던 그 아침, 거리를 비틀거리며 걸어가신 그
분은 그들을 친구라 불렀던 분이요, 최후의 만찬 자리에서 그들에
게 충격을 주신 분이요, 사랑이 할 수 있는 가장 위대한 일에 대해
이야기하신 분이요, 지금 그것을 몸소 실천하고 있는 분이시다.

십자가의 길이 제시하는 한 가지 중요한 요점은 예수님이 그
길을 홀로 걸으셨다는 것이다. 그분은 자신의 친구들이 스스로
할 수 없는 일을 하셨다. 만일 십자가의 길을 생각할 때마다 예수
님을 우리가 따라야 할 모범으로 생각한다면 우리는 큰 어려움에
봉착하고 말 것이다. 우리는 십자가의 길 여러 지점을 실제로 그

리고 비유적으로 따라간다. 우리는 지금 자기 십자가를 지고 예수님을 따르는 것에 대해 말한다.

바흐(Bach)의 〈수난곡〉에서 예수님의 고난에 대한 우리의 반응을 표현하는 합창 부분은, 마치 예수님의 고난과 죽음이 우리 자신도 그분을 따라 고난당하고 죽어야 할 모범으로 제시된 것처럼 묘사한다. 물론 그것도 어느 정도 진리를 담고 있지만, 십자가에서 가장 중요한 진리는 예수님이 고난을 당하셨기에 우리는 고난당할 필요가 없다는 것이다. 예수님은 우리가 죽지 않게 하시려 대신 죽으신 것이다. 친구를 위해 목숨을 바쳤는데 그 친구도 바로 이어서 자기 목숨을 바친다면 무슨 소용이 있겠는가? 예수님이 제자들의 발을 씻어 주셨을 때 그들도 예수님의 발을 씻어 주는 식으로 반응하지 않았다.

그러므로 예수님이 십자가에서 하신 일은 사람들이 어떻게 행동해야 하는지 혹은 하나님이 어떤 분이신지에 관한 어떤 일반적인 진리를 보여 주는 단순한 사례나 최상의 모범 정도가 아니다. 십자가는 본질적으로 예수님이 성취하신 일이며 완성하신 일이기에 그런 의미에서만 하나의 본보기가 된다. 십자가의 길을 가신 예수님을 따라간다고 말할 수 있으려면, 우리는 우선 한 걸음 물러서서 그분이 우리를 위해 홀로 그 길을 걸어가시는 모습을 경외감과 감사함으로 바라보아야 한다.

신약성경 전체에서 십자가의 업적은 창조주 하나님, 곧 이

스라엘의 하나님이 세상을 구원하시기 위해 세우신 계획의 절정
으로 제시된다. 물론 이것은, 세상이 혼란스러워져 훌륭한 충고
가 필요하다는 것만을 의미하지 않는다. 그저 잘못 인도되었기
때문에 좋은 리더십이 필요하다는 의미만도 아니다. 뒤죽박죽이
어서 좋은 모범이 필요하다는 의미만도 아니다.

초기 기독교(그리고 유대교)는 세상이 병을 앓고 있어서 치료
가 필요하다고 생각했고, 죄를 지었으니 용서가 필요하며, 낯선
주인의 지배하에 있기 때문에 하나님 나라를 갈망하고 있다고 판
단했다. 예수님은 세상의 질병을 치료하는 치유자로서, 자신의
죽음을 통해 용서를 이룰 어린양으로서, 다른 왕을 섬기고 있는
자신의 왕국으로 들어가는 왕으로서 십자가의 길을 걸어가신 것
이다. 빌라도가 건 죄패에는 '나사렛 예수 유대인의 왕'이라고 적
혀 있었다. 진리가 무엇인지 모르는 빌라도조차 예수님이 누구신
지 알았다. "내가 쓸 것을 썼다"(요 19:22).

예수님은 진실로 유대인의 왕이요, 하나님의 구원 목적의
절정이었다. 오랜 옛날 하나님의 택한 백성인 이스라엘의 역사가
시작되기 이전부터 계획된 하나님의 목적은 고난과 포로의 세월
을 지나면서 무르익었다가 이제 세상의 중심인 이 도시로, 하나
님의 계획의 중심인 이 백성에게로, 하나님 백성의 중심인 이 한
사람에게로 집중되었다.

예수님이 십자가의 길을 걸어가실 때 그분은 다른 어느 누구

도 감당할 수 없었고, 앞으로 어느 누구도 할 필요가 없는 일을 하신 것이다. 예수님은 악의 세력과 전쟁을 치르시고, 결국 승리자로 나타나신다.

그분은 우리의 질고를 지고 우리의 슬픔을 당하셨으며, 우리의 허물 때문에 찔리셨고, 우리의 죄악 때문에 상하셨고, 자신의 죽음으로 죽음을 이기신 것이다. 우리는 그 일을 할 수 없다. 심지어 그렇게 하려는 시도조차 신성모독과 같으며, 마치 예수님이 하신 일이 아무런 효과도 없다고 말하는 것과 같은 것이다. 그분의 죽음은 우리가 본받아야 할 일반적인 진리나 따라야 할 행동에 불과한 것이 아니다. 그 죽음은 유일무이하다.

예수님의 십자가의 길이 지닌 독특하고 반복될 수 없는 성격을 이해하지 못하면, 기독교는 그저 모호한 종교쯤으로 전락하고만다. 예수님의 죽음이 위대한 성취가 아니라 단지 모범에 불과하다면, 좋은 소식은 사라지고 좋은 조언만 남을 뿐이다. 그렇게 되면 지난 2,000년은 그 조언이 별로 좋은 것이 아니었음을 보여주는 데 불과할 것이다.

만약 예수님의 이야기가 단지 멋진 본보기에 지나지 않는다면 우리는 정말 우울해질 수밖에 없다. 그런 본보기를 따르는 게 얼마나 어려운 일인지 알고, 그런 노력을 기울이는 사람들이 극히 소수에 불과함도 잘 알기 때문이다. 그러나 기독교는 도덕적인 노력을 돕고자 하는 또 하나의 종교가 아니다. 기독교는 무기력하고 도움이 필요한 이들을 발견하신 하나님이 우리를 도우러 오시는 것을 말해 주는 하나뿐인 진리다.

> 위대하신 하나님, 그리스도 안에서
> 우리 이름을 부르시네.
> 우리를 받으셔서 자신의 것으로 삼으시네.
> 어떤 공로나 권리나 주장 때문이 아니라
> 오직 주님의 은혜로우신 사랑으로 인해.
> 우리는 주님의 자비로운 보좌를 바라보려 힘쓰며
> 주님 발 아래 무릎을 꿇네.[12]

그러므로 십자가의 길은 무엇보다도 세계 역사의 중심점인 예수님의 죽음이 유일무이하고 반복될 수 없는 것이라는 사실에 초점을 맞춘다. 그곳으로 온 세상의 고통과 치욕이 모여들어 한 분께로, 곧 예루살렘의 비탈진 거리를 홀로 비틀거리며 지나서 험준한 언덕으로 나아가신 그분께로 쏟아진다.

바울이 담담히 언급했던 것처럼, 이는 대부분의 고대 사람들에게 납득이 가지 않는 사건일 뿐 아니라, 오늘날의 사람들에게도 마찬가지다. 그러나 이것이 사실이 아니라면, 즉 홀로 진리이시고 살아 계신 하나님이 나사렛 예수를 통해 우리 가운데 오셔서 사셨고, 우리를 대신해서 죽으셨다는 것이 사실이 아니라면, 수많은 교회 건물은 아무 의미 없는 돌덩이에 지나지 않고, 모든 기독교 의식은 무의미한 주문일 뿐이며, 아름다운 교회 음악도 단지 어둠 속에서 멋지게 읊조리는 소리에 지나지 않게 된다.

그러나 이것이 사실이라면? 즉 온 세상의 질병이 진정 골고다에서 치유되고, 세상을 사슬로 묶고 있던 외부의 지배자가 진정 골고다에서 패배했다면, 그렇다면 우리는 성금요일을 결코 기독교 달력에 표시된 스쳐 지나가는 하루로 취급하면서 가볍게 지나칠 수 없다.

그 대신 우리는 가만히 서서 이곳에서 펼쳐지는 드라마를, 그에 비하면 셰익스피어(William Shakespeare)도 보잘것없어질 드라마를, 또한 그 옆에 갖다 대면 우리의 인생 드라마는 아이들 장난에 지나지 않는 듯 보이게 만들 그 드라마를 놀라움에 숨죽인 채 바라보아야 한다. 성금요일의 사건은 세상에서 가장 중요하거나, 아니면 정말 말도 안 되는 일이다. 그 중간은 있을 수 없다.

우리는 이 성금요일 사건을 말하지 않을 수 없다. 우리는 성금요일의 진리를 잊고 빨리 가게를 열어 일상적인 비즈니스에 몰두하려고 애쓰며, 무의식중에 자리 잡은 기억으로부터 이 놀랍고 끔찍한 이야기에 치유와 소망이 담겨 있을지도 모른다는 생각을 없애 버리려 애쓰는 현대 서구 세계에 살고 있다. 그래서 우리는 마음으로 매일, 매주 성금요일로 돌아와서 이 사건을 반복해서 이야기해야 한다. 다른 곳에는 소망이 없음을 믿기 때문이다.

이것이 좋은 소식이 아니라면, 더 이상 좋은 소식은 없다. 예수님의 십자가의 길이 바로 그 "길이요 진리요 생명"(요 14:6)이 아니라면 우리는 아직도 그것을 찾아 헤매야 하거나, 내일 죽을 것이니 지금 먹고 마시고 즐겨야 하거나, 아니면 인생을 암울한 농담쯤으로 여기면서 우리의 티켓을 되돌려 주어야 할 것이다.

파키스탄 선교사인 존 카든(John Carden)은 이 같은 성금요일의 독특한 의미를 감동적으로 묘사했다. 그는 이슬람 문화권 가운데 살면서, 오늘날의 예루살렘뿐만 아니라 우리의 세속 사회에서도 울려 퍼져야 하는 글을 썼다.

오늘 아침 나는 연례행사를 가졌다. 이미 예상했지만 여전히 엄청난 문화 충격을 주는 일이다. 오늘은 모든 사람이 마치 아무 일도 일어나지 않은 듯 일상의 일로 바삐 움직이는 걸 보는 게 몹시 곤혹스럽다. 나는 만나는 모든 사람에게 이렇게 말하고픈 강한 충동을 억제하느라 매우 애써야 했다.

"오늘은 성금요일입니다."

나는 우리 집 구석구석에서 다 들릴 정도로 소리를 높여서 금요일 강론을 하는 이슬람 율법학자에게 이 말을 하고 싶었다. 극장에서 상영하는 〈죄〉(Sin)와 〈당신을 향해 내 가슴이 뛴다〉(My heart beats for you)라는 영화를 보러 몰려드는 수많은 군중에게 이 말을 하고 싶었다. 성당 문 밖에 있는 노점상에서 후추를 듬뿍 친 채소와 과일을 먹고 있는 배고픈 사람들에게 이 말을 하고 싶었다. 난폭하게 자전거를 몬 사람의 따귀를 때리고 있는 경찰관에게 이 말을 하고 싶었다. 검은 베일에 가려진 깊고 검은 눈으로 황량한 외부 세계를 조심스럽게 바라보고 있는 가냘픈 소녀에게도 이 말을 하고 싶었다. 쓰레기통을 뒤지고 있는 사람에게도 이 말을 하고 싶었다. 자전거 하나를 셋이서 함께 타고 가는 대학생들에게도 이 말을 하고 싶었다.

나는 그들 모두가 자신의 삶을 바꿀 수 있는 이 이야기를 알게 되기를 원했다.

쓰레기통을 뒤지고 있는 사람에게는 이 말을 하고 싶었다. "오늘 네가 나와 함께 낙원에 있으리라"(눅 23:43). 검은 베일을 쓰고 있는 소녀에게는 십자가 아래 있었던 여인에 관한 이야기를 해 주고 싶었다. 젊은이에게는 "나를 따라오라"는 말을 다시 들려주고 싶었다(마 4:19). 배고픈 군중에게는 "내 살은 참된 양식이요"라는 말을 해 주고 싶었다(요 6:55). 경찰관에게는 "이 사람은 진실로 하나님의 아들이었도다"라고 말해 주고 싶었다(마 27:54).

이야기가 아니라면 실제 삶을 말해 주고 싶었다. 나는 아무 생각 없이 꾸려 가는 인생들 속에 십자가의 현실을 집어넣고 싶었다.

오늘, 성금요일, 복된 날이다. 이 날은 세 시간씩 따로 떼어 종교적인 예식을 치르는 소수의 그리스도인에게만 해당되지 않는다. 오늘, 교회와 그리스도인에게만 국한할 수 없는 좋은 일이 일어났고, 우리는 이 소식을 세상에 알려야 한다.

죄가 용서받았다는 좋은 소식, 하나님이 인간의 약함과 고통을 몸소 짊어지셨다는 좋은 소식, 하나님이 온 세상의 죄를 위해 완전하고 충분한 희생제물과 헌물과 만족이 되신 그리스도 안에서 화해를 이루셨다는 좋은 소식.[13]

십자가의 길을 따라 걷는다는 것

오늘은 성금요일이다. 십자가의 길 위에 서 있는 예배자로서 우리의 임무는 존 카든의 문구처럼 "아무 생각 없이 꾸려 가는 인생들 속에 십자가의 현실을 집어넣는" 것이다. 어떻게 그럴 수 있는가? 우리가 그러려고 할 때 무슨 일이 일어나는가? 십자가의 길을 걸어가시는 예수님의 유일무이한 순례의 길을 조용히 서서 바라보다가 우리도 용기를 내 그분을 따라간다는 것은 무엇을 의미하는가?

우선, 우리가 예수님의 '친구'가 된다는 뜻이다. "사람이 친구를 위하여 자기 목숨을 버리면 이보다 더 큰 사랑이 없나니 너희는 …… 나의 친구라"(요 15:13-14). 우리는 예수님의 지인이 아니다. 우리는 그분의 종도 아니다. 우리는 단순히 그분의 삶을 바라보는 구경꾼이 아니다. 우리는 그분의 친구이며, 성금요일은 그 사실을 증명한다. "이는 내 친구라. 그의 달콤한 찬양을 내 평생에 기뻐하리라."[14]

이 진리를 어떻게 당신 삶에 적용할 수 있을까? 아침에 일어나서 예수님의 친구로서 거울을 바라본다는 건 무엇을 의미하는가? 많은 사람이 이를 아주 이상하게 여기고 두려워하지 않을까 염려된다. 우리는 아무 간섭도 방해도 없이 살고 싶어 한다. 그래서 성금요일을 벽장 속에 넣어 두었다가 때가 되면 뜨거운 십자가 빵과 더불어 잠시 꺼냈다가 재빨리 다시 숨겨 둠으로써 우리의 일상이 방해받지 않게끔 한다.

그러나 십자가의 길을 걸어간다는 건 멀리 계시는 무자비한 하나님이 우리를 고통스럽게 하려고 부과하신 종교적 의식을 잘 치르려 노심초사하다가 다시 그분을 멀리 보내 버리는 게 결코 아니다. 십자가의 길을 걷는 건 우리의 친구가 간 길을 따라가는 것이다. 그것은 우리가 예수님의 친구임을 인식하면서 매일의 삶을 살고, 매일 잠자리에 드는 걸 의미한다. 그것은 사람을 만나고, 보고서를 작성하고, 수업을 하고, 환자를 돌보는 모든 일상적인 활동 가운데서 우리가 예수님의 친구임을 인식하는 걸 의미한다. 우리는 바로 그런 사람이다. 우리는 예수님의 팬이 아니다. 우리는 그분의 친구다.

둘째, 십자가의 길을 따라 걷는다는 건 우리가 예수님의 '용서받은' 친구라는 뜻이다. 그분은 십자가에서 돌아가실 때 "다 이루었다"고 말씀하셨다(요 19:30). 무엇을 다 이루셨는가? 아버지께서 그에게 하라고 하신 일을 다 이룬 것이다. "세상에 있는 자기 사람들을 사랑하시되 끝까지 사랑하시니라"(요 13:1). 그분은 그들을 위해 오직 성육신하신 하나님의 사랑만이 할 수 있는 유일무이한 일을 하신 것이다. 그분은 값을 치르셨고, 악의 무게를 짊어지셨으며, 우리를 포로로 잡고 있던 흑암의 적군을 무찌르셨다.

그러나 우리는 새로운 날에 갑자기 비친 빛보다 어두움과 감옥을 더 좋아하는 것 같다. 그리스도인을 포함한 많은 사람이 자신의 삶이 잘못된 것에 대해 자신뿐만 아니라 다른 사람, 특히 부모와 자식, 배우자를 원망한다. 또한 서로가 서로에게 이러한 짐을 지우고 있다고 느끼면서 용서받지 못한 삶의 무게를 짊어지고 살아간다.

많은 사람이 의무감이라는 무거운 압박에 눌려 살아간다. 사람들은 하나님 앞에서 불가능한 완전함을 이뤄야 한다는 압박감, 다른 사람 앞에서 언제나 그들에게 필요한 사람이 되어야 한다는 압박감, 자신에 대해서는 최상의 결과를 내고 최고의 지위를 차지해야 한다는 압박감에 눌린 채 살아간다. 이 모든 의무는 대개 이루기가 불가능하다 보니 우리는 자동적으로 죄의식의 부담 속에서 살아가게 된다. 다른 사람이 볼 때 행복하고, 밝고, 즐겁고 성공한 듯 보이는 사람조차 내면에서는 실패감과 무능하다는 느낌으로 상처를 받고 있다.

물론 실제로 폭력적인 기질, 성적 비행, 모든 사람이 유혹받고 범하기 쉬운 미묘한 속임수와 거짓말, 금전적인 사기 등 온갖 죄와 약점도 가지고 있다.

실제적인 것일 수도, 가상의 것일 수도 있는 이런 모든 불행한 혼란과 죄의식 위에 "다 이루었다"라는 말이 쓰였다(요 19:30). 예수님이 이 모든 것을 처리하셨다. 이러한 죄의식과 실패의식에 사로잡히게 되는 유일한 원인은 예수님의 친구이기를 거절해서다. 당신이 친구라면 이미 용서받은 친구다. 골고다 십자가가 그 일을 다 이루었다. 당신이 십자가의 길을 걷도록 초대받았을 때는 바로 용서받은 친구로서 초대받은 것이다. 더 이상 무언가를 증명할 필요는 없다.

기쁘게 해 드릴 만한 가치가 있는 유일한 그분이 당신을 너무 사랑하셔서 당신을 위해 죽으셨다. 당신이 예수님의 친구라면, 당신이 쉬는 모든 숨은 이제 과거는 지나갔고 모든 것을 용서받았다는 안도의 숨인 것이다. 이것이 십자가의 길을 여행하는 모든 사람이 가진 타고난 권리이고, 우리의 남은 생애 속에 녹아들어야 할 현실이다.

셋째, 십자가의 길을 따라 걷는다는 건 우리가 예수님의 '고통받는' 친구라는 뜻이다. 성공 지향적인 이 시대 문화에 깃든 모든 것이 이 사실에 정면으로 대항한다. 우리는 모든 것이 잘되기를 바라고, 건강하기를 바라고, 모든 꿈과 바람이 이루어지는 삶을 살고 싶어 한다. 우리는 이 세상을 사랑하며, 세상이 우리의 헌신에 보답해 주는 게 우리가 가진 인간으로서의 권리라고 생각한다.

오늘날 수많은 그리스도인이 너무나 쉽게 복음을 이러한 매혹적인 주제에 부합하는 메시지로 번역한다. "예수께로 오면 아무런 문제도 없을 것이고, 부유하고 건강하게 될 것이며, 나쁜 일은 결코 일어나지 않을 것이다." 그러다 현실이 녹록지 않을 때, 비극과 질병이 닥치고, 일상의 어려움과 당황스러운 일이 생기고, 고통과 슬픔과 상실에 직면할 때, 우리는 적잖이 당황한다. 우리는 예수님이 성금요일에 우리를 자신의 용서받은 친구로 삼으셨음을 잊었기에, 이러한 사실조차 우울함과 죄의식의 원인으로 바꾸어 버린다.

그러나 십자가의 길을 걸으라는 소명은 예수님의 고통받는 친구가 되라는 소명이다. 이것은, 신약성경이 반복해서 우리에게 상기시켜 주는 것처럼, 십자가의 승리가 온 세상에 실현되는 가장 중요한 방식이며, 예수님의 친구가 예수님을 따라 자신의 십자가의 길, 즉 예루살렘뿐만 아니라 세상의 고통받는 모든 곳, 이를테면 호스피스 병동과 교도소, 빈민가와 직업소개소 등을 걸어갈 때 이루어지는 일이다. 이곳들은 대부분 고통의 장소이며, 그중 어떤 고통은 우리에게 달라붙어 있을 것이다. 세상의 고통

중 일부는 우리 자신의 고통이 될 것이다. 결국, 상처 입은 자들이 진정한 치유자들이 된다.

> 상처 입은 의사가 도구를 사용해
> 상처 난 부위를 살피네.
> 피 흘리는 손 아래서 우리는 느끼네.
> 치료자의 의술에 담긴 격렬한 연민의 정
> 체온 기록표의 불가사의가 풀리네.[15]

이것이 예수님께 해당되는 것이라면, 아직도 고통 중에 있는 세상에 그분의 사랑의 소식을 전하기 위해 그분의 이름으로 나아가는 사람들에게도 여지없이 해당된다. 십자가의 길을 따라 간다는 건 오직 예수님의 고통스러운 사랑에 의해서만 힘을 얻는 그분의 고통받는 친구가 된다는 걸 의미한다.

> 떨어지는 그 핏방울이 우리의 유일한 음료,
> 피투성이인 그 살이 우리의 유일한 음식.
> 우리는 우리가 흠 없고 튼튼한 살과 피로
> 이루어져 있다고 믿고 싶어 하지만—
> 다시 한 번, 그럼에도 불구하고,
> 우리는 이 금요일을 좋은 날이라 부르네.[16]

특히 우리는, 현대를 살아가는 수백만의 그리스도인이 십자가의 길에 대해 선택의 여지가 없다는 걸 생각해야 한다. 전 세계적으로 2억 명에 달하는 그리스도인이 매일같이 비밀경찰과 국가의 압제와 차별의 두려움 아래 살고 있다. 60여 개 국가에서 그리스도인이 자신의 신앙 때문에 괴롭힘과 학대를 당하고, 체포와 고문, 심지어는 처형을 당한다.

수단에서는 그리스도인이 노예가 되고 때로는 십자가에 매달리기도 한다. 이란에서는 암살을 당하고, 쿠바에서는 감옥에 갇히며, 중국에서는 맞아 죽기도 한다. 단순히 떠도는 소문이 아니다. 구체적으로 기록된 사실이며, 지금도 계속 벌어지는 엄연한 현실이다. 전 세계 수많은 형제자매에게 지금도 모든 금요일이 성금요일일 뿐만 아니라, 월요일, 화요일, 수요일, 목요일, 토요일, 일요일이 다 성금요일이다. 일 년 내내 성금요일이라고 생각해 보라.

그리고 우리가 당하는 고통이 더 지역적이고 개인적이며 눈에 보이지 않는 종류라면, 우리는 오늘 같은 날에 우리가 고통받는 가족에 속해 있다는 사실을 기억해야 한다. 불운한 재난이나, 우리 잘못과 죄가 불러온 시스템 결함 문제가 아니라, 우리가 예수님의 고통받는 친구로 부르심을 받아서 그런 것이다. 그런 삶 자체가 고통당하는 세상을 향해 울려 퍼지는 '고통이 따르지만 결국 모든 것을 이기는 하나님의 사랑'의 메시지가 됨을 기억해야 한다.

그리스도인이 어떻게 이러한 고통을 감당할 수 있는가? 자신을 탓한다고 되지 않는다. 그러는 건 우리가 예수님의 용서받은 친구임을 잊는 것이다. 오히려 우리를 친구로 부르신 분이 자신이 걸었던 길로 우리를 인도하시면서, 필요할 때면 가까이에서 힘과 위로를 주시는 분임을 신뢰할 때 가능하다. 이것이야말로 삶을 방해받지 않고 꿋꿋하게 살아가기 위해 삶의 직조에 새겨 넣어야 하는 실재다.

그런 의미에서, 마지막으로, 우리는 성금요일로 인해 '사명을 받은' 예수님의 친구가 된다. 우리는 골고다의 유일무이한 승리를 온 세상에 전하는 역할을 맡은 사람들이다. 예수님을 따르라는 부르심, 십자가를 지고 그분을 따라 십자가의 길을 걸어가라는 부르심은 그분의 왕국 사역에 동참하여, 죽임당하신 어린양이 만천하 앞에 왕의 왕이요 주의 주로 등극하게 되는 날까지 악의 세력을 무찌르라는 것이다.

골고다에서 예수님이 거둔 승리의 속성상, 모든 반대를 단칼에 무찌르고 위로부터 내리는 신적 허가로 그것을 성취할 수는 없다. 그렇게 하는 건 맨 처음에 승리를 얻었던 바로 그 사랑을 부인하는 것이기 때문이다. 예수님의 성금요일 승리는 고난받는 사랑의 승리다. 먼저 부르심을 받은 사람들이 그 고난받는 사랑을 스스로 체화하여 세상으로 나가 그 사랑을 간절히 필요로 하는 사람들에게 치유와 소망을 가져다줌으로써 점진적으로 퍼져 나가야 한다.

자신의 친구가 되라는 예수님의 부르심을 받은 모든 그리스도인은 세상으로 나가 우리의 친구가 살았던 것처럼 살라는 사명을 받았다. 우리는 예수님의 용서받은 친구이기에, 우리 스스로 무언가를 성취하거나 우리의 독립적인 노력이 하나님 나라를 가져온다고 생각하는 방식으로 그 사명을 이룰 수 없다. 우리는 고통받는 친구이기에, 우리의 사명을 성취하기 위해 예수님이 몸소 행하셨던 고난받는 사랑의 방법이 아닌 다른 방법을 사용할 수 없다. 이것이 바로 우리의 남은 인생에 적용해야 하는 실재다.

"너희를 친구라 하였노니"(요 15:15). 우리는 용서받은 친구, 고통받는 친구, 사명을 받은 친구다. 우리는 예수님에 대한 우정을 품고서, 그분이 홀로 고통받고 죽으신 것, 유일무이한 방식으로 세상의 구원을 성취하는 것을 침묵과 경외심으로 지켜본다. 그리고 우리는 두려움과 떨림 가운데 부르심을 듣는다. 일어나 십자가의 길을 따라가며 그분의 사랑을 체현(體現)하여 세상을 구원하라는 부르심.

> 수건을 두르시고, 빵을 떼시면서,
> 우리를 겸손케 하시고, 친구라 부르시네.
> 모두를 충족시킬 때까지 고통당하고 섬기시며,

사랑이 이룰 장엄한 일들을 보여 주시네.

모든 피조물이 노래를 부를 때까지,

모든 세상을 충만하게 채우시며,

모든 것에 면류관을 씌워 주실 때까지.[17]

9. 빈 무덤에서 나오는 길

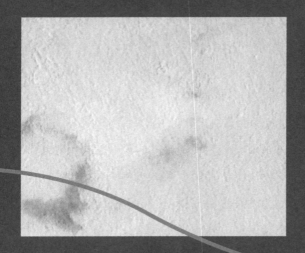

예수의 부활。 세상으로 파송받은 순례자를 위한 여권과 지도

이 책에서 우리는 가슴과 머리로 순례의 길을 따라가고 있다. 예루살렘에 왔다가 마침내 골고다까지 이르렀다. 이제 어느덧 마지막 행선지다.

이곳은 이전과는 완전히 다르다. 최종 목적지에 도착해서야 우리는 순례 여행의 방향이 완전히 바뀌었음을 발견한다. 부활의 날에 온 세상이 완전히 뒤집혔기에 우리의 방향도 바뀌었고, 하나님도 방향을 전환하셨다. 우리의 마지막 행선지는 빈 무덤이 아니다. 그곳도 중요하지만, 우리의 관심은 무덤에서 나오는 길, 예수님의 승리의 장소에서 세상 모든 곳으로 이어지는 길이다. 우리가 이 길을 가려면 새로운 장소로 가는 길을 열어 줄 여권과 우리의 여행이 할 만한 가치가 있음을 확인하기 위한 지도가 필요하다.

여권은 부활절 사건 그 자체다. 무덤으로 들어간 베드로는 두 눈으로 벗겨진 수의를 보았다. 그러고 나서 다른 제자도 무덤 안에 들어가서 직접 보았고, 부활 사건을 '믿었다'(요 20:3-10). 물론 베드로도 곧 믿었다. 여기서 잠시 이 두 사람이 여권을 가지고 있

는 사람(다른 제자)과 아닌 사람(베드로)을 상징한다고 생각해 보자. 어딘가로 가기 위해 공항에 도착해서 출입국 심사관에게 여권이 있다고 말했는데, 실은 여권을 집에 두고 온 거라면 문제가 심각해진다. 당신은 지금 여권을 손에 쥐고 있어야 한다. 베드로는 어찌할 바 모르고 서 있을 수밖에 없다. 다른 제자는 보고 믿었다. 그리하여 그 믿음으로, 마치 압수된 여권을 돌려받은 것처럼 그는 새로운 나라로 들어가게 되었고, 새로운 가능성이 그의 앞에 나타났다.

우리 사회 많은 이들이 그저 기독교의 메시지를 바라보기만 하면서 어찌할 바를 모르고 멍하니 있다. 그들은 가능성이 제한된 자신의 나라에 갇혀 있다. 그러나 들어가서 보고 믿는 사람은 이제 모든 것이 가능하다고 선언해 주는 여권을 손에 쥔다. 이제 어떤 나라도 아무 제한 없이 갈 수 있다. 모든 길이 열린 것이다.

여권은 당신이 여행을 시작할 수 있게 해 준다. 그러나 여행 자체는 때로 매우 힘들고, 길은 험난하며 꾸불꾸불하다. 우리가 바른길로 잘 가고 있는지 점검해 줄 지도가 필요하다. 여기서 나는 바울이 예수님의 부활의 의미에 대해 설명하는 부분(고전 15장)의 마지막에 나오는 짧은 말을 우리의 지도로 제시하고 싶다.

바울은 긴 논증의 마지막 부분을 "그러므로 우리는 죽음 이후의 삶을 확신할 수 있습니다"라는 말로 끝맺지 않는다. 대신에 그는 이렇게 말한다. "그러므로 내 사랑하는 형제들아 견실하며 흔들리지 말고 항상 주의 일에 더욱 힘쓰는 자들이 되라 이는 너희 수고가 주 안에서 헛되지 않은 줄 앎이라"(고전 15:58).

부활은 우리 앞에 '하나님의 신세계 지도'를 펼쳐 놓는다. 나사렛 예수가 부활절 아침에 무덤에서 나왔을 때 그분은 죽음을 통과하여 변화되고 새로워진 몸으로 저편으로 건너가셨다. 이는 하나님이 이 슬프고 낡은 세상을 버리고 우리를 육체가 없는 하늘로 데려가시는 게 아니다. 이 세상을 구속하고 새롭게 하고 변화시키셔서, 원래 선하고 사랑스럽고 공의로울 뿐 아니라 거룩했고 아름다웠던 모든 것이 더 영광스러운 것으로 정화되고 고귀해지고 끌어올려진다는 걸 최초로 보여 주신 것이다.

그 새로운 세상에서는 흉터와 상처가 예수님의 회복된 육체처럼 영광의 표시가 될 것이다. 부활절은 우리에게 탐험가들을 위한 새로운 세상의 지도, 우리에게 일어나 탐험의 길로 나가라고 격려하는 올바른 지도를 제공해 준다.

요점은, 예수님의 부활로 시작된 이것이 완전하게 이루어질 때까지 계속될 거라는 사실이다. 현 세상의 믿음과 사랑, 정의와 자비, 아름다움과 진리의 모든 행위가 하나님의 새로운 세상을 이루는 일부분이 될 것이다. 당신의 수고가 주 안에서 헛되지 않을 것이다. 이곳에서 믿음으로 행하는 모든 것이 계속 남아 있을 것이다.

실패, 냉소, 파괴, 절망이 끝이 아니다. 그것들은 무덤을 지키는 군사와 같아서 아침이 오면 모두 잠들어 버릴 것이다. 예수님의 육체의 부활이라는 여권은 당신이 마음대로 여행할 수 있다고 선언한다. 하나님의 새로운 세상을 보여 주는 지도는 믿음으로 떠나는 모든 여행이 가치가 있다고 선언한다. 이것들을 안내 삼아 무덤에서 나오는 길(또는 길들)을 따라가자.

엠마오로 가는 길

나는 무덤에서 나오는 수많은 길 가운데 네 가지를 택해 우리의 순례 여정을 마무리하려 한다. 첫 번째는 엠마오로 가는 길이다. 오늘날 많은 순례자가 그 길에서 잠시 멈춰 서서 기도하고, 묵상하고, 성찬식을 거행한다. 누가의 놀라운 이야기 속에서 엠마오는 예기치 않게 개인적으로 예수님을 만나는 것을 상징한다.

첫 번째 부활절 저녁에 두 제자가 당황한 채 실의에 빠져 집으로 가고 있었다. 그들의 소망은 단단히 꺾였다. 그때 예수님이 친히 그 길에 동행하셨고, 일어난 일을 설명해 주셨다. 그리고 그분은 집으로 들어가 그들에게 빵을 떼어 주셨다. 마침내 두 제자는 예수님을 알아보았고, 갑자기 새로운 여행을 위한 여권과 지도를 발견했다. 빈 무덤에서 나오는 첫 번째 길은 세상 모든 이들이 초대받은 그 만남, 즉 부활하신 예수님과의 예기치 못한 치유의 만남이다.

이 초대에는 아무런 자격 조건이 없다. "내 삶의 모든 것이 틀어졌으니 그런 일은 내게 일어날 수 없다"고 말하지 말라. 예수님이 사람들을 만나 새롭게 하실 때 그들 모습이 하나같이 그러했다. "나는 그걸 전혀 이해할 수 없으니 내게 그런 일이 일어날리 없다"고 말하지 말라. 예수님은 바로 그것을 설명하기 위해 오신다. "내 삶은 이런 종교적인 문제가 아니더라도 이미 너무 복잡하다"고 말하지 말라. 당신은 "나는 길을 찾느라 너무 힘들었으니, 이런 엉터리 같은 지도를 들이대지 말라"고 말할지도 모른다. "내 삶이 지금 너무 슬퍼서 그런 즐거운 소리를 들을 수 없다"고 말하지 말라. 부활하신 예수님은 못 자국을 지니셨고, 무엇보다 고통받는 사람들의 슬픔을 함께 나누기를 원하신다. 예수님과의 개인적인 만남은 모든 사람을 위한 것이다.

예수님과의 개인적인 만남, 인격적인 앎의 길이 오늘 그리고 날마다 당신 앞에 열려 있다. '빈 무덤'은 그 만남으로 들어가는 당신의 여권이다. 예수님은 살아나셨고, 부활하셨고, 그분의 성령으로 현존해 계시며, 당신이 그분과 놀라운 치유의 만남을 가지기를 제안하신다.

또한 빈 무덤은 하나님의 미래 지도를 보여 준다. 예수님과의 개인적인 만남은 실제 생활이나 궁극적 운명과는 무관한 자기만족적 영성이 아니다. 주 안에서 당신의 수고는 결코 헛되지 않다. 하나님의 새로운 세상 지도에서 '성만찬으로 상징되거나 그것을 통해 드러나는 예수님과의 친밀하고 개인적인 관계'는 '새로운 세상에서 우리가 그분을 직접 만나게 될 때 절정에 이를 그 관계'의 시작이다. 우리는 바로 그 관계로 초대받는다.

처음 만났을 때 머뭇거리던 모습을 즐겁게 회상하는 연인처럼, 우리가 예수님을 직접 대면하게 될 때 처음으로 그분을 만난 지금 이 순간을 즐겁게 회상할 것이다. 그 새로운 세상에서는 당신 삶의 상처가 예수님의 상처처럼 우리가 누구인지 보여 주는 도구가 될 것이다. 부디 여권을 취하라. 지도를 들라. 그리고 부활하신 주님을 만나러 나가라. 나중으로 미루지 말라.

다시 예루살렘으로 가는 길

무덤에서 나오는 두 번째 길은 제자들이 발견한 것처럼 다시 도시로 들어가는 길이다. 그 도시는 두려움의 장소였다. 그들은 잠근 문 뒤에 숨어, 예수님을 잡으러 왔던 사람들이 자기들도 잡으러 올까 두려워했다. 또한 그 도시는 실패의 장소였다. 모든 것이 실패한 곳, 예수님을 부인한 곳, 예수님을 모른다고 맹세했던 곳이다. 이제 그들은 잠긴 다락방으로 다시 돌아가, 예수님이 다시 그들을 만나러 오셔서 그들이 행한 모든 것을 용서해 주시고, 잠근 문을 열 만한 힘을 주시고, 믿음과 소망과 사랑으로 세상 밖으로 나갈 힘을 주시는 것을 체험하라는 명령을 받았다.

기독교 신앙을 자신의 두려움을 숨기고 진정한 실패자가 아닌 듯 꾸미고 가상 세계로 들어가는 것이라고 잘못 생각하는 사람이 많다. 마치 아이들이 침대보를 머리에 뒤집어쓰고 현실에서 차단된 자기만의 작고 따뜻한 세상을 만드는 것처럼 말이다. 그러나 이는 전혀 진실이 아니다.

부활절은 두려움을 대면하고 소망을 발견하는 것이다. 부활절은 실패를 직면하고 용서와 새로운 가능성을 발견하는 것이다. 빈 무덤이라는 여권을 가지면, 당신은 자신의 최악의 두려움과 실패에 다시 맞설 수 있는 용기와 능력을 얻는다. 이는 그곳에서 만난 예수님이 당신을 못마땅한 얼굴로 노려보고 그래서 더욱 마음 상하게 하는 분이 아니라, 당신을 껴안고 사랑하고 새로운 출발을 하게 하시는 분이심을 알기 때문이다.

그리고 빈 무덤을 미래의 지도로 삼으면, 새로운 출발을 할 수 있게 된다. 이는 주 안에서 수고가 헛되지 않음을 알기 때문이다. 또 그분께 충성하고, 그분을 위해 살며, 그분의 사랑으로 다른 사람을 사랑하려는 당신의 노력이 비록 지금은 보잘것없어 보여도, 하나님의 새로운 세상에서 그대로 남아 더욱 증진되리라는 사실을 알기 때문이다. 그리하여 과거의 두려움과 실패로 생긴 당신의 상처와 흉터조차 예수님의 상처처럼 소망과 영광을 드러내는 기이한 증거가 될 것이다.

유대와 사마리아로 가는 길

무덤에서 나오는 세 번째 길은 사도행전이 보여 주는 것처럼, 예루살렘을 둘러싼 유대와 사마리아로 가는 길이다. 그곳은 예수님 당시 유대인과 사마리아인 사이에, 그리고 그들과 로마의 점령군 사이에 커다란 긴장이 감돌던 곳이다. 예수님의 처음 제자들은 편안하게 앉아서 새로운 영성과 신학을 기다리는 사람들이 있는 평안한 세상으로 들어간 게 아니었다. 그들은 증오와 의심, 잔혹한 행위에 대한 고통스러운 기억, 영토 분쟁, 적국의 점령, 그리고 부자와 빈자, 혹은 가진 자와 빼앗긴 자 사이의 날카로운 분열로 갈기갈기 찢긴 세상으로 들어간 것이다.

우리가 '유대와 사마리아'라 부르는 이 지역은 현재 유엔(UN)과 대부분의 세계가 공식적으로 인정하듯이 점령지 요단강 서안 지구를 지칭한다. 그곳은 여전히 증오와 의심을 삶의 방식으로 삼고 있고, 잔혹한 행위와 영토 분쟁이 끊임없이 벌어지며, 가진 자와 빼앗긴 자가 분노로 대치하고 있는 곳이다. 빈 무덤에서 나오는 길은 새 생명과 새 출발의 소식과 화해와 용서의 복음을 들고 바로 그런 곳으로 들어가는 길이다.

오늘날의 '유대와 사마리아'인 요단강 서안 지구에서 이것이 의미하는 바가 무엇인지 여기서 설명하는 것은 적절치 않으며, 나도 그 설명을 하기에 적합한 사람이 아니다(이 주제에 대해서는 뒤에 "나오며"에서 내 생각을 밝힐 것이다). 하지만 우리 모두가 알듯이, 1세기와 20세기에 그곳에서 벌어진 슬픈 일들은 하나님이 지으신 이 세상 도처에서 벌어지고 있는 일들의 축소판이다. 발칸반도에서, 아프리카에서, 동남아시아에서, 구소련에서, 라틴아메리카에서. 또한 스페인 북부 바스크 지역이든 북아일랜드든, 우리의 '계몽된' 서구 세계에서도 이런 현실은 마찬가지다.

우리는 다양한 평화 협상에서 새로운 진전이 이루어진 걸 기뻐하면서, 그것이 지속적으로 성공해 나가기를 마음 다해 기도한다. 하지만 우리가 직면한 난관(대화가 테러보다 낫고, 호의가 살인보다 나으며, 용서와 새로운 출발이 실제로 가능함을 모든 사람에게 확신시키는 게 거의 불가능하게 보인다는 점)에 대해 어떤 환상이 있는 건 아니다.

그러나 우리가 남아프리카에서 목격했듯이, 수천 명의 그리스도인이 보여 준 지속적이고 꾸준한 노력은 '용서와 화해가 가능하며, 이는 비싼 대가를 치를 가치가 있는 일'임을 보여 준다. 데스몬드 투투(Desmond Tutu) 주교와 흑백 인종을 망라한 수천 명의 그리스도인은 자신의 부활절 여권을 매우 진지하게 여기면서, 화해의 문이 아직 닫히지 않았고 과거의 비통함과 분노가 용서될 수 있음을 선언했다. 그들이 지금까지 시도했고, 또한 지금도 하고 있는 일이 결코 주 안에서 헛되지 않을 것이다. 그들은 하나님의 새로운 세상 지도의 일부분을 그리고 있음이 분명하다. 이 지도는 새로운 창조가 완성될 때 더욱 발전되어 완성될 것이며 결코 사라지지 않으리라.

물론, 우리 대부분은 이런 지구를 뒤흔드는 정치적이고 사회적인 거대한 격변을 멀리서 바라보기만 할 뿐이다. 그러나 우리도 지역사회에서 그 정도로 충격적이지는 않지만 그래도 실제적이고 중요한 문제들을 직면하고 있다. 증오와 의심은 인간관계를 파괴하고 치유와 소망의 가능성을 차단하면서 모든 종류의 사회에 암처럼 침투하고 있는 마음의 습관이다. 모든 도시, 모든 지역, 모든 의회는 의심과 대립, 혹은 용서와 화해 사이에서 어느 한편을 선택할 수 있다.

남아프리카에서 일어난 일이라면, 북아일랜드에서 일어난 일이라면(하나님, 간청합니다!), 다른 모든 지역에서도 얼마든지 일어날 수 있다. 우리가 "그리스도께서 다시 사셨다, 할렐루야!" 하고 외치는 것은 새로운 가능성을 위해 우리의 여권을 굳게 쥐는 것과 같다. 또한 평화와 화해를 위해, 정의와 소망과 새 출발을 위해 모든 사회와 모든 시청과 모든 회의실과 모든 의회에서 창조적으로 노력하겠다는 것과 같다.

우리는 단지 상호 간의 관용을 위해서만 노력하는 게 아니다. 이는 현실을 무마시키기 위한 18세기식의 수준 낮은 대안에 불과하다. 빈 무덤을 자신의 여권으로 선언하는 사람들은 서로에 대한 의심이 깊은 존경과 인정으로 대체되는 공동체를 만들기 위해 노력하는 사람들이다. 부활절은 새로운 가능성의 문을 열어주며, 여권을 손에 쥔 우리는 그 가능성을 탐구하라는 요구를 재차 받는다.

또한 빈 무덤에서 나오는 사람들은 지도를 기억해야 한다. 정치와 사회 조직이 혼란을 방지하기 위한 임시 처방이라 생각하기 쉽다. 기독교를 내세에만 국한시킨다면 사회를 위한 활동이나 조직이 지닌 영구적인 의미를 과소평가하기 쉽다. 중요한 건 개인 영혼의 영원한 구원이라고 생각할 테니 말이다. 그러나 바울의 지도는 이것이 거짓임을 밝혀 준다. "그러므로 내 사랑하는 형제들아 견실하며 흔들리지 말고 항상 주의 일에 더욱 힘쓰는 자들이 되라 이는 너희 수고가 주 안에서 헛되지 않은 줄 앎이라"(고전 15:58).

정의와 화해를 위한 모든 활동, 예를 들어, 정치가들이 단순히 정당을 맹종하지 않고 양심을 따라 투표하는 순간, 진정으로 서로를 돌보는 사회를 세우려는 모든 활동, 하나님의 사랑과 평화의 모습을 담은 개인적이고 집단적인 모든 결정이 하나님의 궁극적인 새로운 세상에서 높임을 받게 되고, 고귀한 가치를 인정받게 될 것이다. 그 어떤 것도 사라지지 않을 것이다. 모든 것이 하나님의 영광을 드러낼 것이다. 우리 자신의 유대와 사마리아로 가는 길, 즉 각 지역과 모든 나라에서 화해와 소망을 이루기 위해 나아가는 길은 활짝 열려 있고, 각 개인과 정치가들 모두 여권과 지도를 들고 그 길을 향해 나아가기를 기다리고 있다.

땅끝까지 가는 길

빈 무덤에서 나오는 네 번째이자 마지막 길은 바다를 건너 땅끝까지 가는 길이다. 사도행전에서 예수님의 부활을 믿은 사람들은 오래지 않아 복음을 들고 이방 지역까지 나갔다. 이것이야말로 세상이 간절히 듣기 원하는 소식이었다. 물론 세상은 로마 황제가 통치하고 있었고, 황제와 부하들은 그들의 경쟁자인 왕의 특사를 친절하게 대하지 않았다. 그러나 훌륭한 유대인이었던 사도들은 이스라엘의 메시아가 온 세상의 주님이심을 믿었다. 그리고 예수님의 부활은 그분이 진정으로 이스라엘의 메시아이심을 확신시켜 주었다.

예수님이 십자가에서 죽으셨다는 사실은 유대인 왕국에 대한 그들의 기대를 뒤엎었고, 이 왕은 무력이 아니라 고난받는 사랑으로 자기 왕국의 왕위에 오를 것임을 알려 주었다. 빈 무덤에서 나오는 길, 새롭게 방향을 바꾼 순례의 길은 그들을 시장과 항구로 이끌었다. 그들을 온 세상의 산악 지역과 회의장으로 이끌었다. 그리하여 세상에서 가장 슬프고 근심 많은 이들에게 다른 왕, 다른 주(主), 인간이 되는 다른 방법, 다른 신, 다른 가능성이 있음을 선포하게 했다.

자, 무슨 일이 일어났는지 주의해서 보라. 이제 온 세상이 성지가 되었다. 이제 기독교는 어떤 익숙하고 제한된 영역만 거룩하다고 주장하는 대신에, 온 세상이 그분의 영역이며, 장차 그분의 이름 앞에 모두 무릎을 꿇게 되리라고 부활하신 예수님의 이름으로 선포한다.

빈 무덤에서 나오는 길을 찾은 사람들은 그 길이 순례의 길임을 발견하게 된다. 지구의 중심, 곧 하나님의 사랑과 세상의 고통이 함께 만나는 도시로 간 뒤로는 이제 완전히 변화된 순례자가 된다. 더 넓은 세상에서 일하시는 하나님을 발견한다. 가난한 자와 감옥에 갇힌 자, 죽어 가는 자와 빚진 자, 존엄을 잃어버린 자와 소망을 상실한 자의 얼굴에서 예수님의 얼굴을 발견한다. 가는 곳곳마다 예수님의 치유하는 사랑을 전하면서 '바로 그곳에서 예수님을 예배하는' 순례자가 되도록 세상으로 보내심을 받는다.

골고다와 부활절로 말미암아 이제 성지는 거룩한 사람, 곧 예수님 자신이 되었다. 우리보다 앞서서 고통과 절망이 있는 모든 세상을 경험하시고, 자신을 따라 화해와 소망의 사역을 하도록 우리를 부르시는 예수님 말이다.

여기에서도 우리는 여권과 지도가 필요하다. 현대 서구 사회에 사는 우리는 여권을 자기 방 화장대에 두고 다니길 좋아한다. 그러면서 세상에서 무언가 선행을 해야 한다면 자기 능력과 계획으로 해야 한다고 생각한다. 그러나 전혀 그렇지 않다. 우리는 부활절 여권, 즉 하나님이 어둠 속에서 빛을 가져오고 죽음 속에서 생명을 가져오는 새로운 가능성을 이 세상에서 여셨음을 선언하는 증명서를 손에 들고서 우리의 사명에 임해야 한다.

또한 우리는 항상 냉소와 절망이 승리하고, 폭군과 부자, 압제자와 난폭자가 결국 승리할 거라고 생각하라는 유혹을 받는다. 그러나 전혀 그렇지 않다. 무덤에서 나와서 예수님의 주 되심을 더 넓은 세상에 선포하는 모든 과정은 하나님의 새로운 세상 지도 위에 새로운 영역을 표시하는 것이다. 주 안에서 당신의 수고가 결코 헛되지 않을 것이다.

하나님의 새로운 세상이 완전히 나타나면 당신이 살고 있는 세상에 치유와 소망, 아름다움과 기쁨을 전하기 위해 힘썼던 모든 일들은 새 창조라는 멋진 융단의 영광스러운 일부로서 빛날 것이다. 세상 왕들이 탱크, 폭탄, 법률로 자신의 영토를 굳게 지키려는 이 땅에서 예수님이 주님이심을 선포하느라 우리가 입은 모든 상처와 흉터는 그리스도의 무기로 그리스도의 싸움을 싸웠다는 증거가 될 것이다.

그러므로 이제 하나의 순례 여정이 끝이 나고, 예수님의 빈 무덤과 더불어 새로운 순례 여정이 시작된다. 우리는 예수님과 새로운 개인적 관계에 들어가는 길로 초대받았다. 두려움과 실패가 소망과 열매 맺는 수고로 변하는 삶으로 초대받았다. 대립과

의심이 개인적·사회적 관계들을 파괴하는 곳으로 초대받았다. 십자가에 달리신 예수님이 진정으로 정당한 권리를 가진 치유하는 주님이라는 소식을 들고 온 세상에 들어가라는 것이다.

우리는 하나님의 새로운 세상에서는 이 땅에서 그분을 사랑한 모든 사람이 새 생명을 얻을 것이며, 그분의 이름으로 행한 모든 일이 높임받고 다시 한 번 확인받게 될 것임을 분명히 인식하면서 이 순례 여행을 떠난다. 우리 가운데 어떤 이들은 실제로 성지순례를 다녀왔거나 떠날 예정인 사람도 있을 것이다. 분명 직접 본 광경을 통해 그들의 기도와 생각과 행동이 새롭게 되는 도전을 받을 수 있을 것이다. 하지만 우리 모두는 하나님 나라가 임할 때까지 매일같이, 해마다 주님의 길을 따라 완전히 방향이 바뀐 이 순례 여행을 계속하라는 명령을 받는다.

나오며.

섣부른 판단의 색안경을 벗고, 기도로 그 땅을 밟으며

내가 지금까지 이 책에서 말한 모든 내용은 성지, 특히 예루
살렘에 '순례지들을 지키는 경비원과 그곳 풍경을 담은 그림엽서
를 파는 소년들' 말고는 아예 아무도 거주하지 않을 때 더욱 적절
한 내용이리라. 혹은 그 땅 온 지역에 평화가 찾아오고 그곳에 거
주하는 민족이 평화롭고 정의롭게 살아갈 때, 그리고 이웃 나라
들과도 그렇게 함께 살아갈 수 있을 때 그 의미가 맞아떨어질 것
이다. 하지만 실상은 전혀 그렇지 않고, 빠른 시일 내에 그렇게
될 가망도 별로 없어 보인다.

그렇다면 이런 현실이 지리적이고 비유적인 우리의 순례 여
행에 어떤 영향을 미칠까?

우리는 서구인들의 전형적인 반응을 조심해야 하는데, 그들
은 자신들의 북아일랜드 사태를 잊은 채, 발칸반도와 레바논의
분쟁을 '평화롭게 공존하는 법을 배우지 못한 후진적인 민족 또
는 다혈질인 지중해 연안 사람들의 어리석은 행동이 초래한 일'
로 보고, 그들의 계속되는 분쟁이 '갈릴리의 안식과 언덕 위의 평
안'을 경험하려는 자연스러운 욕구에 방해가 된다고 여긴다. '아

니, 우리는 단순히 기도하러 왔을 뿐인데 폭탄을 던지다니! 이 얼마나 분별없는 사람들인가!' 이것은 물론 전형적인 현대 서구인들이 보이는 반응이다.

이보다는 더 신중하게 생각하기를 바라면서, 나는 결론을 대신해서 오늘날 이스라엘과 서안 지구의 현실을 생각해 보고, 이런 현실이 그곳으로 가는 순례 여행에 어떤 영향을 미칠지 다루어 보려 한다. 하지만 앞으로 말하려는 모든 것에 다음 말을 덧붙이고 싶다. "현실은 생각보다 훨씬 복잡하다."

옛날에 대가족을 기쁘게 꾸려 가던 한 여인이 있었다. 그녀의 남편은 부자였고 존경받는 사람이었다. 그 가족은 시골 어느 멋진 집에서 살았다. 수 세기 전에 가난한 조상들이 그 집을 포기했지만, 그 가족은 여전히 자기들 집이라고 생각했다. 그러던 어느 날 강도가 쳐들어왔다. 먼저 남편을 총으로 쏴서 죽였고, 딸들 역시 강간한 뒤 바로 죽였다. 그뿐만 아니라 아들들의 목을 다 베고 나서 있는 재산을 전부 빼앗아 갔다.

그 와중에 여인과 한 아이만이 기적적으로 탈출했다. 둘은 어떻게든 살길을 찾던 중 예전에 가족들이 살던 그 옛집을 다시 쓸 수도 있으리라는 가능성을 발견했다. 몇몇 친구들(그들은 위기의 상황에서 그 가족이 울부짖으며 도움을 청할 때 아무도 돕지 않았다는 사실에 계속 죄책감을 느꼈다)의 도움으로, 그 여인은 아무 의심 없이 옛집으로 들어갔다. 그리고 현재 그곳에 살고 있는 소수의 사람들은 예전 자신의 종들이겠거니 여겼다.

여인은 머잖아 새로이 결혼했고, 오래지 않아서 다시금 대가족을 이루었다. 그러나 이전부터 그 집에 살던 사람들은 그녀가 온 게 탐탁지 않았고, 끝내 그들은 그녀를 없앨 계획을 꾸미는 듯했다. 그녀는 경악했고 불안에 떨었다. 의아한 마음도 들었다. '왜 온 세상이 나를 못살게 굴까? 내가 뭘 잘못했길래? 지금까지 그토록 고통을 당하고도 나는 어째서 여전히 평화롭게 살 수 없는 걸까?'

이제 이 이야기를 다른 각도에서 설명해 보자. 아주 오래전 어느 한 가족이 오래된 큰 집에서 살고 있었는데, 오랫동안 거기서 살아왔던 가족은 자신들이 그 집을 직접 세우지 않았다는 사실을 까마득히 잊었다. 그 가족은 집이며 주변 대지가 진심으로 마음에 들었다. 그래서 집안 구석구석 모든 방은 물론이고, 그 땅과 관련된 것이라면 두루 잘 알았다. 그러나 그들은 폭력적인 이웃들 때문에 말할 수 없는 많은 고통을 받았다. 급기야 집 안의 멋진 방들에 발조차 들일 수 없었고, 땅의 상당 부분을 경작할 수 없는 지경에 이르렀다.

어느 날, 어디선가 차를 몰고 그 집으로 들어온 한 여인이 이

제부터 이 집은 자기 차지라고 선언하면서 이 가족 일부를 집 밖으로 내쫓고 급기야 나머지는 수용소로 쫓아 버렸다. 그 후 이 여인은 그 집과 땅의 가장 좋은 곳을 골라 차지했다. 이에 그 가족이 항의하자, 그 여인은 유력한 친구들을 불렀고, 그들은 그녀에게 자금을 제공해 그녀를 지켜 주었다. 어느덧 시간이 흘러 한 세대가 지났다. 그 가족은 그 여인과 함께 사는 데 익숙해졌지만, 아직도 많은 사람, 특히 젊은 세대들은 왜 자신들이 이런 말도 안 되는 상황을 계속해서 참아야 하냐고 묻곤 한다.

안다. 그 어떤 비유로도 복잡한 그 땅의 현실을 제대로 설명해 낼 수 없을 것이다. 수 세기 동안 유럽에서 자행되던 반유대주의는 홀로코스트(히브리어로 "쇼아")에서 절정을 이루었고, 그때 600만 명의 유대인이 목숨을 잃었다. 수없이 많은 유럽인이 이 사실을 알았지만 어떤 조치도 취하지 않았다. 어떤 이들은 이 사실을 잘 몰랐고 신경도 쓰지 않았다. 어떤 이들은 관심은 있었지만, 진실에 대해서는 거의 알지 못했다.

숨겨졌던 진실이 세상에 전부 알려지자 엄청난 분노가 끓어올랐는데, 이는 전율과 깊은 연민은 물론이고 반유대주의에 대해 아무런 대응 없이 묵인한 것에 대한 죄책감에서 비롯된 것이기도 했다. 수백만 명이 유대인도 국가를 가져야 한다고 인식했다. 이에 아르헨티나의 일부 지역과 우간다가 그 후보지로 떠올랐다. 그러나 대부분의 유대인은 오직 그들의 조상의 땅, 하나님이 아브라함에게 약속하셨고 여호수아가 차지했던 바로 그곳만이 적합하다고 생각했다. 이미 수천 명에 이르는 유대인이 처음에는 터키 법령을, 그다음에는 영국의 명령까지도 무시하면서 그 지역으로 이주했다. 1948년 5월, 유엔은 마침내 이스라엘을 새로운 국가로 승인했다.

초기 유대인 정착자들은 그 땅이 비어 있다고 진심으로 믿었다. "땅이 없는 백성을 위해 사람이 살지 않는 땅을"이 그들이 내건 슬로건이었다. 그러나 실은 아니었다. 수도 많지 않고 힘도 없었지만, 팔레스타인인이 엄연히 그곳에 살고 있었다. 실제 사람들이 실제 농장과 집에서 실제로 사업을 하면서 살고 있었다. 그들은 협박과 폭력에 시달리다 그곳에서 쫓겨났다. 실제로 그들은 퇴거 30분 전에야 퇴거 명령을 받고 짐을 꾸려야 했고, 버스에 태워져 요르단 접경 지역(그 결과 그 이웃 나라에 엄청난 문제를 일으켰다)이나 나사렛 같은 특정 지역으로 보내졌다. 그들에게는 다시 돌아오는 게 허락되지 않았다.

오늘날에도 유대인은 그 팔레스타인 주민이 살던 그 집에서, 그들의 땅을 갈고, 그들의 침상에서 자고, 그들이 쓰던 그릇에 음식을 담아 먹으면서 이 모든 걸 정당화하는 근거로 신명기 말씀을 인용한다. "네가 채우지 아니한 아름다운 물건이 가득한 집 …… 네가 심지 아니한 포도원"(신 6:10-11).

수많은 사례 가운데서 정말 가슴 아픈 두 경우만 들어 보겠다. 집에서 라디오를 가져오도록 버스를 자기 집 문 앞에 잠시만 세워 달라고 버스 운전사에게 부탁하는 한 어린 소년. 짐을 싸라는 명령을 받고 난 뒤 짐을 싸는 대신 자신의 작은 뜰로 나가서 올리브나무 두 그루에 다정하고 슬픈 작별 인사를 하는 한 노인. 그 나무는 오랜 세월 동안 노인과 그 조상들이 정성스럽게 가꿔 온 나무였다.

여기서 다 말하기에는 이야기가 너무 길고 복잡하며, 작금의 현실은 참으로 미묘하고 다면적이다. 유대인들은 홀로코스트의 고통이라는 도덕적 토대를 가지고 이곳으로 들어왔다. 서예루살렘에 있는 홀로코스트박물관(Yad Vashem)은 유럽의 유대인이 한 세대 전에 당한 끔찍한 고통의 상징일 뿐만 아니라, 이스라엘 건국의 도덕적 정당성을 강력하게 주장하면서 서 있다.

어설프게 상황을 단정해선 안 되는 이유

이스라엘에 대한 모든 비난은 일단 반유대주의의 부활이 아니냐는 의구심의 눈초리부터 받게 된다. 팔레스타인 주민들은 해가 갈수록 더욱더 강력한 도덕적 정당성을 주장하는데, 그들은 철조망이 쳐진 더럽고 지저분한 난민 캠프에 살고 있는 반면, 거기서 지척 거리에는 유대인 이주자들을 위해 현대식 편의시설이 모두 구비된 새로운 정착촌이 휴양지와 더불어 건설되고 있기 때문이다.

정통파 유대인들이 유엔의 결정과 오슬로 협정의 정신을 거부하면서 '유대와 사마리아'로 지칭하는 서안 지구에 새로운 정착촌을 건설할 때마다 도덕적 정당성을 상실하고 있다. 팔레스타인 주민들은, 사담 후세인을 지지하는 데모를 할 때마다, 하마스의 자살 폭탄 테러가 일어나 이스라엘 민간인이 수십 명씩 죽을 때마다 도덕적 정당성을 상실하고 있다. 영국인들도 이스라엘과 팔레스타인인들 눈에는 도덕적 정당성이 거의 없어 보인다. 영국은 위임 통치를 한 31년 하는 동안 양쪽 모두에게서 인정을 받지 못하게 되었다.

물론 유대인 가운데도 평화를 간절히 원하고, 이를 위해서라면 땅의 일부도 기꺼이 포기하려는 소수의 사람, 어쩌면 다수일지도 모르는 이들이 있다. 그들은 미국에서 비행기 가득 타고 들어오는 근본주의적 유대인 형제들을 정말로 탐탁지 않게 여긴다. 이 근본주의적 유대인들은 회당에서 나이 든 랍비의 열정적인 설교에 자극을 받아 기꺼이 스스로 무장하여 약속된 땅을 되찾으려는 열정을 불태우고 있는 사람들이다.

이스라엘은 현재 심각하게 분열된 나라다. 물론 팔레스타인인 가운데도 유대인을 다시 바다로 몰아내기를 원치 않는 소수의 사람, 어쩌면 다수일지도 모르는 사람이 있다. 그들은 모든 사람이 이웃으로 함께 사는 새로운 상황을 만들고 싶어 한다. 정책이 바뀌면서 사람들은 거기에 동조하거나 저항한다. 한때 전통적인 팔레스타인인 테러범으로 인식되던 야세르 아라파트(Yasser Arafat)는 이제 온건파가 되어 갈기갈기 찢긴 작은 팔레스타인 땅의 중심을 잡으려고 무던히 애를 쓰고 있지만, 여전히 많은 사람이 그의 왼쪽(혹은 오른쪽?)에서 폭력만이 유일한 해결책이라 주장하고 있다(아라파트는 2004년에 사망했다-옮긴이).

북아일랜드를 가까이서 보아 온 우리 영국인들은 폭력과 불신의 악순환에 대해 익히 알고 있다. 요리법에서 지시한 것보다 100배나 더 많은 재료를 넣고, 구약 열광주의와 이슬람 근본주의라는 강력한 처방을 더하고, 세계 정치의 흐름과는 정반대 방향으로 격렬하게 주걱을 저으며, 길이가 160킬로미터나 되고 너비가 80킬로미터나 되는 과열된 오븐에서 요리하는 것이다. 이곳은 아직도 순례자들이 진리이신 한 분 하나님을 찾아 여행을 오는 아름답고 슬픈 나라다.

비록 현재 상황이 부분적으로는 북아일랜드와 유사하고 이전의 남아프리카 공화국과도 유사하다는 게 조금은 위로가 될지 모르지만, 나는 여기서 정치적인 상황에 대해 더 이상 언급할 수 없다. 이 책 마지막 부분에서 나는 오늘날 성지로 가는 기독교 순례자들에게 이 모든 상황이 무엇을 의미하는지 대략적으로 설명해야 한다는 부담을 느낀다.

세상에는 유대인들이 고향으로 돌아가 정착하게 된 게 구약 예언에 대한 하나님의 성취라고 열정적으로 믿는 수천, 아니 수백만의 그리스도인이 있다. 나는 그들을 정기적으로 만나고, 그들의 글을 읽으며, 설교나 강의 후에 그들과 대화를 나누기도 한다. 그 사람들은 '종말의 때'라고 하는 특정 구도를 매우 소중히 여긴다. 그 구도는 에스겔서, 다니엘서, 요한계시록의 구절들로 조합되어 일정한 도식을 형성하는데, 그들은 이 도식을 20세기의 정치 상황에 적용한다.

그들의 설명은 다음과 같다. 처음에는 바벨론에 의해, 그리고 다시 로마에 의해 예루살렘이 멸망한 이후 시작된 유대인들의 장기 유배는 마침내 끝이 났고, 팔레스타인 땅에 다시 유대인이 살게 되었으며, 1948년에 공식적으로 국가로 인정받았다. 또한 그 후로도 계속해서 성장하는 이스라엘의 모습은, 예수 그리스도가 다시 오셔서 아마겟돈 전쟁을 치르고 자신의 왕국을 영원히 세우실 마지막 날의 서막을 알리는 일이라는 것이다. 세부 사항이야 해석자마다 조금씩 다르지만, 전반적인 구도는 잘 알려진 바다.

시온주의자들은 당연히 이러한 구도를 좋아한다. 이는 신문 칼럼에서부터 비행기마다 꽉 찬 관광객에 이르기까지 이스라엘과 그들이 하는 모든 일에 대한 맹목적인 지원을 조장한다. 그리하여 이스라엘에 대한 그 어떠한 비판, 심지어는 매우 뻔뻔스러운 우익 행위에 대한 비판까지도 반유대주의라는 비난과 함께 성경도 이해하지 못하고 역사에 나타난 하나님의 손길도 모른다는 비난을 받게 된다.

한번은 어느 콘퍼런스에 참석한 적이 있는데, 그때 수많은 팔레스타인 출신 아랍 그리스도인들이 듣는 데서 한 미국의 유대 그리스도인이 그 땅은 절대적으로 자신과 자기 동족 것이라고 주장했다. 그녀는 매우 자비롭게도, 신명기에 따르면 아랍인도 그 땅에 거주할 수 있지만, 다만 그들은 장작 패는 일이나 물 긷는 일만 해야 한다고 덧붙였다.

이런 입장을 가진 사람들은 커다란 모순을 범하는 것이다. 나는 한때 몬트리올에서 한 젊은 유대인 그리스도인을 알고 지낸 적이 있었는데, 그는 유대인들이 그 땅에 돌아간 것은 성경 예언의 성취고, 예수님의 재림을 알리는 것이라고 열정적으로 믿고 있었다. 그리고 그도 이스라엘로 돌아가려고 했다.

당국은 그에게 입국 허가를 내주면서 기독교를 버리는 의식을 치를 것을 명령했다. 우리는 이 문제에 대해 이야기를 나눴고 함께 기도했다. 그는 결국 이스라엘로 갔다. 하지만 얼마 지나지 않아 다시 돌아왔다. 불쌍은 했지만 현명하지는 못했던 것이다. 약속의 땅은 그가 상상했던 곳이 아니었다. 이스라엘의 유대인들은 그리스도인이 되어서는 안 된다. 만약 그리스도인이 된다면 시민권을 박탈당할 위험에 처한다. 그런데 어떻게 이게 예언의 성취일 수 있는가?

이렇게 혼란스러운 생각들 기저에는 구약성경을 어떻게 읽어야 하는가 하는 문제에 대한 뿌리 깊은 불일치가 존재한다. 어떤 방식으로, 어떤 의미로 이 특별한 책이 우리의 책이 되는가? 유대인과 이방인 모두가 그리스도의 몸에 동일하게 속했고, 그들이 아브라함의 자손이요 약속의 백성임을 어떻게 주장할 수 있는가? 그것은 이스라엘의 독특성을 부정하는 것이 아닌가? 이것이 혹시 반유대주의의 출발점이 되는 것은 아닌가? 바울서신, 베드로전서 그리고 다른 신약성경을 근거로 이런 주장들을 펼치는 그리스도인에 대해 여러 반론이 제기되어 왔다.

그러나 이렇게 주장해도 비판을 받고, 그 반대로 주장해도 비판을 받는다. 자신의 유대적 뿌리를 부정하는 그리스도인들에 대해서도 똑같은 반론이 제기되어 왔는데, 그들은 아브라함과 맺은 언약이 다 지나간 과거 일이라고 생각하는 신(新)마르키온주의를 주장하면서(마르키온은 예수로 성육신하신 하나님이 구약의 하나님과 동일한 분이라는 사실을 부정했던 2세기의 이단이었다), 바울의 이신칭의(以信稱義) 교리는 '유대교'에 대한 공격이고, '유대인들'은 그 자체로 문제며, 기독교가 진정한 해답이라고 생각한다. 물론 신약성경은 처음부터 끝까지, '예수님의 복음'이 하나님이 구약의 자기 백성에게 주신 모든 약속의 성취라고 본다. 예수님은 엠마오로 가는 길에서 당황하던 제자들에게 구약성경이 자신에 대해 말한 모든 것을 설명해 주셨다. 이는 여전히 기독교의 토대다.

신약성경이 반복해서 강조하는 한 가지 사실은, 하나님이 약속하셨던 새로운 시대가 예수님의 생애와 죽음과, 특별히 부활을 통해서 열렸다는 것이다. 유배로부터의 귀환이 이루어진 것이다. 바울은 고린도후서 1장 20절에서 "하나님의 약속은 얼마든지 그리스도 안에서 예(yes)가 되니"라고 말한다. 이 말씀은 사람들이 별로 그렇게 생각하지 못했음에도 불구하고, 사실상 위대한 귀환이다. 우리는 정치적 유배 상태에서 다시 출현한 정치적인 실체로서의 이스라엘이 아니라, 진정한 왕, 죽음의 유배로부터 귀환해서 하나님의 새로운 날이 되신 그분이 진정으로 성육신하신 이스라엘이라는 것을 복음 안에서 보게 된다. 이것이 바로 이방인 선교의 근거가 된다.

하나님은 이스라엘을 위해 작정하셨던 일을 마침내 실행하신 것이다. 그리하여 이제 이방인이 들어올 수 있는 때가 된 것이다. 또한 이것은 음식법과 이스라엘 땅의 거룩한 지위가 폐지되었다는 근거가 되기도 한다. 하나님의 계획에 있어서 새로운 날이 시작되었고, 과거 시대를 상징하던 것이 이제 밀려나게 되었는데, 이는 그것들이 나쁜 것이어서가 아니라, 하나님의 계획에서 예비적 단계에 속했던 것으로, 이제 그 역할을 다했기 때문이다. 어른이 되면 어릴 적 일을 버린다.

바울은 로마서 8장에서 눈을 들어 아브라함에게 준 약속이 어떻게 성취되었는지 보라고 말한다. 이 약속은 한 민족이 거룩한 땅 한 조각을 차지하게 되면서 성취된 게 아니라, 약속의 수혜자, 그 상속자, 더불어 온 우주가 해방되어 모든 민족과 종족과 언어로부터 나온 거대한 무리가 세례를 받고 예수 그리스도를 믿어 그 안에 성령이 내주하시게 되면서 성취되는 것이다.

그러므로 그리스도인은 예언의 성취인 이스라엘 국가를 지원해야 한다고 주장하는 건 조금 과격하게 말하자면, 우리가 접붙임받은 가지를 다시 잘라 버리는 것과 같다. 이것은 갈라디아 교인들이 범한 잘못과 비슷한데, 그들은 자신들이 아브라함의 가족이라면 유대인처럼 할례를 받아야 한다고 생각했다. 또한 이것은 종교개혁자들이 '중세 가톨릭의 잘못'이라고 비판했던 내용과도 비슷한데, 골고다에서의 예수님의 죽음은 유일무이하고 영원한 것이며 결코 반복될 수 없는 일임에도 불구하고, 그들은 모든 미사에서 우리가 실제로 예수님을 다시 십자가에 못 박아 죽이는 것이라고 생각했던 것이다.

이는 마치 십자가와 부활에서 하나님이 모든 구원 계획을 완전히 성취하신 게 아니라고 말하는 것과 같다. 예수님도 사실상 구약 예언을 완전히 성취하신 것이 아니라고 말하는 것이며, 그분의 부활도 하나님의 새로운 시대의 출발이 아니라고 말하는 것이다. 사도행전도 틀렸고, 로마서도 틀렸고, 갈라디아서도 틀렸고, 히브리서도 틀렸고, 요한계시록도 틀렸다고 말하는 것이다. 만약 당신이 그렇게 말한다면, 당신은 그리스도인이라고 주장하지 말아야 한다.

그 땅의 영혼들을 위해 기도하라

특별히 순례자로서 우리는 오늘날 성지에 살고 있는 그리스도인 대부분이 팔레스타인인들이라는 사실을 매우 진지하게 생각해야 한다. 물론 자신의 신앙을 공개적으로 천명하는 용감한 유대인 그리스도인도 있다. 내가 확실한 소식통에게 들은 바로는, 그들의 옛 조상들이 첫 부활절과 첫 성령강림절 사이에 그랬던 것처럼, 문을 닫아걸고 숨어서 메시아이신 예수님께 충성을 맹세하는 사람도 많다. 그러나 오늘날 성지에서 날마다 그리스도 안에서 하나님을 예배하는 사람 대부분은 팔레스타인 아랍인들이다.

알리아스 카쿠르, 나임 아티크와 오우데 란티시, 모든 성공회 사제들(바로 그 이유로 내가 그들을 알게 되었다)과 같은 사람들은, 정의와 자유를 위해, 무엇보다 유대인과 아랍인 모두에게 해당되는 정의를 위해 목소리를 높여 공개적으로 발언하는 용기를 지녔다. 그들은 고문에 반대해서, 새로운 정착촌 건물에 반대해서, 더욱더 폭력을 자극하는 한 민족의 체계적인 야만화에 반대해서 거침없이 말한다.

이런 그리스도인들이 자신을 압제하는 정권을 유지하기 위해 이스라엘 정부에 엄청난 규모의 미국 차관이 제공되는 것을 볼 때, 과연 그 상황을 어떻게 받아들일까? 자신들을 제거하기 위해 최선을 다하는 국가를 수많은 그리스도인이 지지하고 있다는 말을 그들이 반복해서 듣게 될 때, 과연 그들에게 어떤 영향을 미칠까?

기독교 신앙을 가진 수많은 팔레스타인인이 지금 유배 상태에 있고, 미국에서든 다른 어느 곳에서든 귀환을 기대하지 않는다. 그들은 싸움을 포기했다. 많은 사람이 그들의 무슬림 이웃과, '다윗의 별'(the Star of David)에 맞서는 '십자가와 초승달'(the Cross and the Crescent)과 협력하라는 유혹을 받는다. 그러나 많은 사람들은 아랍 세계가 1949년, 1967년, 1974년 전쟁에서 패배했던 곳에서 함께 뭉쳐 번영을 이룬다 할지라도(다른 말로 하면, 그들이 어떻게 해서든 이스라엘 국가 전체를 몰아내거나 보잘것없는 존재로 밀어내는 데 성공하더라도) 그 자리에 이란이나 다른 곳과 비슷한 팔레스타인 이슬람 공화국을 건설하기 위한 전쟁이 진행될 것이며, 많은 이슬람 국가들에서처럼 그곳에서 기독교는 현재 이스라엘 정부로부터 위협을 받는 것보다 훨씬 더 큰 위험에 처하게 되리라는 걸 알고 있다. 그들은 자신들이 진퇴양난에 빠져 있다고 느낀다.

그들은 우리의 형제자매다. 그들이 스스로를 부르는 이름을 따르자면, "산 돌"(living stones)은 많은 관광객에게 무시당하고, 특히 이스라엘 정부의 재정 지원을 받는 패키지 여행객들에게 무시당한다. 그러나 위험이 커짐에도 불구하고 그들은 활기가 넘치고, 분명히 현존하며, 그들의 위엄과 예배와 소망을 유지한다. 여전히 그들은 "이것은 당신과 아무 상관이 없습니까?", "당신들은 모두 그저 스쳐 가는 사람들입니까?" 하고 묻는다. 우리가 성지에 예배하러 간다면, 우리 주변에서 고통당하는 형제자매들을 무시하는 일은 절대 없어야 한다.

게다가 오늘날 우리가 순례 여행을 갈 때, 우리는 정치적인 문제를 해결하지 못하는 다른 민족을 비판하거나 비난하기 위해 가는 게 아니다. 하나님은 우리가, 훨씬 미미하고 역사에 근거하는 바도 극히 미약한 우리 자신의 문제마저도 해결할 수 없음을 잘 알고 계신다. 물론 우리는 그것이 어디에서 일어나든 이를 선동하는 자가 누구든, 불의와 압제와 폭력을 슬퍼할 것이다. 그러나 매우 복잡한 상황에서 이 모든 것은 우리가 눈과 마음을 열어, 정죄하기보다는 배우고자 하는 자세를 갖게 한다.

그러나 우리는 순례자로서 무엇보다 기도하러 간다. 바울은 하나님이 온 세상을 그분의 성지로 만드시고 온 피조물을 새롭게 하시고 자유롭게 하실 것이라고 말한 그 본문에서, 또한 온 피조물이 이제 함께 탄식하며 함께 고통을 겪고 있다고 말한다. 그러고 나서 바울은 성령의 처음 익은 열매를 받은 우리도 속으로 탄식하며 우리의 최종적인 구속을 기다린다고 선언한다(롬 8:18-27). 그가 하나님을 사랑하는 자들에게는 모든 것이 협력하여 선을 이룰 것이라고 말한 것도 바로 이 맥락에서다(28절). 그것은 무슨 의미인가?

　내가 생각하기에, 바울은 그리스도인으로서 우리의 소명이 고통 중에 있는 세상 곳곳에서 기도하는 것을 포함한다고 말한다. 우리는 몹시 아름답고, 고요하고 평화로운 곳에서만 기도하라고 요청받지 않았다. 우리는 다른 사람은 잊어버린 채 이기적인 기분 전환만을 기대하고 우리 자신의 영적 배터리를 충전하려는 게 아니다. 우리는 세상에서 특히 우리의 형제자매들이 궁핍과 고통 중에 있는 그곳에서 무릎을 꿇어야 한다. 우리는 그들의 고통을 이해하고 느끼면서 그들을 위해 기도해야 한다. 정확히 어떻게 기도해야 하는지 알지 못하지만, 그러나 성령이 어찌할 바를 모르는 탄식으로 신음하시면서 우리 안에서 기도하시도록 해야 한다.

　다른 말로 하면, 우리는 우리 자신이 '살아 계시고 사랑하시고 신음하시는 하나님이 그분의 세상과 그분 자녀들의 고통이 있는 자리에 현존하실 수 있는 장소'가 되라는 부르심을 받는다. 우리는 순례 여행의 이면을 발견하라는 부르심을 받는다. 이는 새로운 방식으로 하나님을 찾기 위해 낯선 곳으로 떠나는 것일 뿐만 아니라, 그곳에 새로운 방식으로 하나님을 전하기 위해 낯선 곳으로 떠나는 것이다. 열변을 토하는 복음 전도, 드러내 놓고 선심을 쓰는 행위, 악의는 없으나 얄팍하기 그지없는 조언을 통해서가 아니라, 우리의 존재와 탄식, 연민, 격려, 기도를 통해서 말이다.

오늘날 우리가 성지를 방문하면서 이렇게 할 때, 이 책의 서두에서 성지 순례에 대해 말했던 세 가지 사항들이 강화되고 특별한 방향성을 갖게 됨을 알 수 있다.

첫째, 순례 여행은 기독교 신앙을 가르치는 데 도움이 된다. 이러한 차원에서 순례 여행은 우리 믿음의 뿌리에 대해서만 아니라, 여전히 여러 사회 곳곳에 만연한(그리고 그 가운데 어떤 것들은 우리 믿음의 가족 안에도 만연한) 불의가 어떤 방식으로 활약하는지 가르쳐 준다. 순례 여행은 우리 눈을 열어 하나님의 세상을 보게 해 주는데, 우리가 상상하는 방식이 아니라 실제 그대로의 모습을 보게 해 준다.

둘째, 순례 여행은 기도의 길이다. 특히 예수와 관련된 장소들을 방문할 때면, 순례 여행은 그리스도 안에서 하나님의 임재와 사랑으로 가득한 잔을 마시는 길이다. 그리고 또한 이 길은 고통의 자리에, 문자적인 동시에 비유적으로 십자가의 발치에 서는 길이다. 거기서 우리는 그리스도 안에서 하나님의 임재 가운데 그 고통을 붙잡는다. 우리는 해결책이 무엇일지는 알지 못하지만, 하나님이 그 고통 가운데 계시고 우리 안에서 우리와 함께 탄식하시며, 성지 한복판에서 영구적인 고난주간을 보내고 계신다는 것을 알고 있다.

셋째, 순례 여행은 제자도의 길이다. 이 여정은 그리스도인으로서 우리의 일상생활과 일 가운데 강화되기도 하지만, 이제 우리가 중동 지역과 북아일랜드, 수단, 하나님의 모든 피조물 가운데 정의와 평화가 회복되기를 생각하고, 말하고, 일하고, 글을 쓰고, 기도하는 가운데 강화된다.

우리는 해답을 가지고 있고 이를 그들에게 알려 주고 싶어서 순례 여행을 가는 게 아니다. 그리한다면 우리는 십자군이지 순례자가 아닐 것이다. 세상에는 이미 십자군이 충분하고, 감히 말하지만 하나님께도 십자군은 이미 충분하다.

우리 주님이 걸어가신 길이기에 우리는 주님의 길을 따라 순례의 길을 간다. 예수님 자신이 길이요 진리요 생명이라고 말씀하셨다. 우리는 그분을 새롭게 만나기 위해, 그분의 고통을 나누기 위해 순례의 길을 간다. 그분이 십자가에서 이미 이루신 승리가 이스라엘과 팔레스타인과 우리 각자의 나라와 전 세계에서 효력을 발휘하고, 또한 모든 이들이 그분의 길을 따르도록 기도하고 일하기 위해 우리는 순례의 길을 간다.

주.

1. Edwin Muir, *An Autobiography*, Hogarth Press, 1954, p. 246.

2. John Betjeman, 'The Conversion of St Paul', in *Uncollected Poems*, John Murray, 1982, pp. 67-70.

3. T. S. Eliot, *Four Quarters*, in *The Complete Poems and Plays*, Faber & Faber, 1969, p. 181.

4. 앞의 책, p. 180.

5. John Whittier, 'Dear Lord and Father of Mankind', *The New English Hymnal*, no. 353.

6. Robert Bridges, 'All my hope on God is founded', *The New English Hymnal*, no. 333.

7. Francis Thompson, 'The Kingdom of God', in *Selected Poems of Francis Thompson*, Jonathan Cape, 1929, pp. 131 이하.

8. Nicholas Motovilov(1809-1832) in Valentine Zander, *St Seraphim of Sarov*, trans. Sr Gabriel Anne, SPCK, 1975, pp. 90-92.

9. Francis Thompson, 'The Kingdom of God', in *Selected Poems of Francis Thompson*, Jonathan Cape, 1929, pp. 131 이하.

10. 앞의 책.

11. 앞의 책.

12. Brian Wren, *Piece Together Praise: A theological Journey*, © 1975, 1995 Stainer & Bell Ltd.

13. John Carden, *Empty Shoes: A Way in to Pakistan*, Highway Press, 1971, pp. 34-36.

14. Samuel Crossman(1624-1683), 'My song is love unknown', *The New English Hymnal*, no. 86.

15. T. S. Eliot, *Four Quartets*, in *The Complete Poems and Plays*, Faber & Faber, 1969, pp. 181 이하.

16. 앞의 책.

17. Brian Wren, *Piece Together Praise: A theological Journey*, © 1975, 1995 Stainer & BeU Ltd.